D0804384

Collection dirigée
par Hélène Potelet et Georges Décote

Nouvelles
fantastiques

classiques Hatier

Edgar Allan Poe
Théophile Gautier
Villiers de l'Isle-Adam
Guy de Maupassant
Dino Buzzati
Julio Cortazar
Richard Matheson

Un genre
La nouvelle fantastique

Dominique Fouquet,
certifiée de Lettres modernes

© Hatier
Paris 2002
ISBN 978-2-218-73916-3
ISSN 0184 0851

HATIER

Sommaire

Introduction

Nouvelles fantastiques

Histoire du genre

Le récit fantastique apparaît, en France et en Angleterre, dès le XVIIIe siècle alors que les philosophes des Lumières combattent toute idée de superstition et dénoncent toute fausse croyance. Au début du XIXe siècle, il connaît un véritable essor, dans toute la littérature européenne, sous la forme privilégiée du conte et de la nouvelle. À cette époque, la transformation de la société et les progrès de la science réveillent des inquiétudes et des angoisses qui suscitent un besoin de croire en un au-delà et en un monde surnaturel. Le récit fantastique exprime alors un mouvement de révolte contre le rationalisme qui prétend tout expliquer ; il est lié à l'engouement pour le spiritisme et aux premières études sur la folie et réhabilite le mystère et l'inconnu. Des écrivains comme Balzac, Gautier, Mérimée, Villiers de l'Isle-Adam, Maupassant y trouvent une source d'inspiration déterminante ; ils écrivent de nombreuses nouvelles qui marquent l'histoire du genre.

Loin de disparaître, le récit fantastique prend un nouvel élan au XXe siècle, notamment après le traumatisme de la Seconde Guerre mondiale et d'Hiroshima : l'homme s'interroge sur lui-même et sur le monde qui l'entoure ; les auteurs français et anglo-saxons cessent de détenir le monopole du fantastique : des écrivains italiens (Dino Buzzati, Italo Calvino), argentins (Jorge Luis Borgès, Julio Cortazar), belges (Jean Ray) fournissent des œuvres fortes et variées qui traduisent le malaise ambiant : critique des idéologies dominantes, problématisation de l'homme confronté à la société qui l'écrase.

La nouvelle et le fantastique

Le fantastique a trouvé, dès ses origines, dans le genre de la nouvelle un moyen d'expression privilégié. La forme courte de la nouvelle permet en effet une mise en situation rapide (cadre et personnages), une concentration dramatique (rythme soutenu) et se prête par conséquent bien « au surgissement et au retentissement de l'impensable ». La nouvelle offre une écriture serrée, qui condense, intensifie l'expression des sentiments, joue sur l'ellipse et la suggestion. La fin d'une nouvelle fantastique laisse souvent le lecteur dans l'indétermination ou le choc d'une chute sans appel, laissant planer ce que Sigmund Freud, à partir de sa lecture de *L'Homme au sable,* a appelé le sentiment d'« inquiétante étrangeté ».

Nouvelles du XIXe siècle

• *William Wilson*, d'Edgar Allan Poe (1839)

Né en 1809 à Boston de parents comédiens itinérants, Edgar Poe devient vite orphelin. Il est recueilli par un riche marchand du nom de John Allan. Malheureusement, les rapports entre Edgar et son beau père se détériorent rapidement car l'enfant n'est pas docile. En raison de tendances fortement marquées pour le jeu et la boisson, il est, durant ses années de jeunesse, successivement renvoyé de l'université, de l'armée, de l'Académie militaire de West Point. Attiré par la littérature, il publie dans les journaux à partir de 1832 des contes, nouvelles policières (*Le double assassinat de la Rue Morgue, La Lettre volée)* et fantastiques (*La Chute de la maison Usher, Le Portrait ovale, Le Masque de la mort Rouge, Le Cœur Révélateur, Le Chat Noir*) qui le rendront célèbre. Accablé par le chagrin que lui a causé la mort de sa femme et rongé par l'alcool, il meurt en octobre 1849 à Baltimore dans le Maryland.

Peu reconnue dans son pays, l'œuvre d'E.A. Poe est traduite en France par Baudelaire dès 1852 sous le titre de *Histoires extraordinaires* et *Nouvelles Histoires extraordinaires.*

William Wilson a été publié pour la première fois par E.A. Poe dans le journal *The Gift*, en octobre 1839. Cette nouvelle repose sur un des thèmes dominants du genre fantastique (celui du double) et contient sans nul doute une certaine part d'autobiographie.

• *Le Pied de momie,* de Théophile Gautier (1840)

Théophile Gautier est né à Tarbes en 1811. Il est très vite tenté par une carrière littéraire et fonde avec quelques amis un cercle d'artistes qui défend les revendications romantiques. À partir de 1836, il se lance dans une carrière de journaliste, entreprend des voyages et se met à écrire des nouvelles, des romans et des récits de voyage. De *La Cafetière* (1831) à *Spirite* (1866), son œuvre est largement marquée par le genre fantastique en vogue à l'époque. Malade du cœur et très affecté par la défaite de 1870, il meurt à Paris en 1872.

Le pied de Momie, publié en 1840, témoigne du goût de Théophile Gautier pour l'orient et plus particulièrement pour l'Égypte. Dans cette nouvelle, l'écrivain s'amuse à traiter sur un mode plaisant un des thèmes qu'on retrouve dans un grand nombre de ses récits fantastiques (*La Morte amoureuse, La Cafetière, Arria Marcella, Omphale, Jettatura...*) : l'amour idéal.

- *Véra,* de Villiers de l'Isle-Adam (1883)

Né en 1838 dans une vieille famille aristocratique ruinée, Jean-Marie Villiers de l'Isle-Adam quitte dès 1855 sa Bretagne natale pour s'installer à Paris où il fréquente les milieux artistiques. Ses premières œuvres passent inaperçues et il doit, pour survivre, exercer de petits métiers. Rejetant tout intérêt pour le monde matériel, il écrit des nouvelles fantastiques et publie à la fin de sa vie, en 1883, des *Contes cruels* dans lesquels il exprime sa haine face au monde moderne, au progrès, et son goût pour l'idéalisme et les traditions occultistes.

Il meurt dans la pauvreté en 1889.

Véra est une des nouvelles qui illustre le mieux l'art de Villiers de l'Isle-Adam : elle séduit par son style recherché et surtout par sa chute qui laisse le lecteur dans le mystère.

- *La Morte,* de Guy de Maupassant (1887)

Guy de Maupassant est né en 1850 en pays de Caux. Il fait ses études au lycée de Rouen où Flaubert, un ami de sa mère, encourage ses débuts littéraires. Il s'installe ensuite à Paris où il exerce pendant une dizaine d'années la charge de fonctionnaire ministériel : ce monde lui inspire très vite des récits d'un réalisme confondant qui furent des succès retentissants. Il publie ensuite des nouvelles et des romans comme *Une Vie* (1883), *Bel-ami* (1885), *Pierre et Jean* (1888).

Cependant, la maladie – les suites d'une syphilis et des troubles mentaux hérités de sa mère – viennent ruiner son existence. *Le Horla* (1887) et d'autres nouvelles fantastiques *(Sur l'eau, Apparition, La Chevelure, La Main, La Peur, Qui sait ?...)* portent les traces d'une folie qui l'amène très rapidement à l'internement dans la clinique psychiatrique du Dr Blanche, où il meurt en 1893.

La nouvelle *La Morte* publiée en 1887 appartient à la veine fantastique de l'écrivain : le thème de l'amour et des fantômes y est traité sur un mode parodique. La vision du monde offerte par l'auteur n'en est que plus mordante et plus pessimiste.

Nouvelles du XXe siècle

• *Les Souris*, de Dino Buzzati (1954)

Dino Buzzati est né en 1906 à Belluno en Italie. Après des études de droit, il entre à vingt deux ans au *Corriere della Sera*, le plus grand quotidien de la péninsule. Il effectuera pour le compte de ce journal de grands reportages, sera correspondant de guerre. Mais il conquiert surtout sa renommée dans la littérature grâce notamment au succès de ses romans (*La fameuse invasion de la Sicile par les ours, Le Désert des Tartares* en 1940) et de ses pièces de théâtre (*Un cas intéressant*). Il est également auteur de plusieurs recueils de nouvelles fantastiques (*L'Écroulement de la Baliverna* en 1954, *Le K* en 1966, *Le rêve de l'escalier* en 1973). Il meurt à Milan en 1972.

Buzzati trouve dans le fantastique un moyen de traduire ses préoccupations face au monde contemporain et d'exprimer un malaise et un pessimisme grandissant.

Pour « Les Souris » (in *L'Écroulement de la Baliverna*), Buzzati emprunte au bestiaire fantastique l'image des rats maléfiques face auxquels le genre humain se révèle d'une totale inefficacité, voire d'une grande lâcheté.

• *Axolotl*, de Julio Cortazar (1959)

Julio Cortazar est né en 1914. Il est considéré comme l'un des grands maîtres de la littérature argentine. Ses nouvelles fantastiques entraînent le lecteur dans un monde d'« une fluidité insolite » où les frontières n'existent plus et où sont remis en cause les repères les plus élémentaires.

Axolotl est un texte bien connu des amateurs du fantastique moderne. La nouvelle est tirée du recueil intitulé *Les Armes secrètes*, publié en 1959. L'auteur y exploite avec beaucoup de finesse et de poésie le thème de la métamorphose, qui est un des thèmes majeurs du genre fantastique.

• *Le Jeu du bouton*, de Richard Matheson (1970)

Richard Matheson est né aux États-Unis en 1926. Son œuvre se situe aux frontières du fantastique et de la science-fiction. Son premier texte, *Journal d'un monstre*, publié en 1950, lui a valu une notoriété immédiate. Nombre de ses nouvelles et de ses romans *(L'homme qui rétrécit, Je suis une légende)* sont fondés sur les thèmes de l'exclusion et du retour au néant.

Dans *Le Jeu du Bouton*, publiée en 1970, Richard Matheson s'attaque à la société américaine contemporaine en réactualisant un des motifs fantastiques les plus anciens, celui du pacte avec le diable.

Nouvelles fantastiques
XIXᵉ et XXᵉ siècle

René Magritte (1898-1967) :
Le Double secret, peinture. Centre Pompidou,
MNAM, CCI, Paris.

XIXe SIÈCLE

Edgar Allan Poe

William Wilson (1839)

> Qu'en dira-t-elle ? Que dira cette CONSCIENCE
> [affreuse,
> Ce spectre qui marche dans mon chemin ?
> CHAMBERLAYNE, Pharronida

Qu'il me soit permis, pour le moment, de m'appeler William Wilson. La page vierge étalée devant moi ne doit pas être souillée par mon véritable nom. Ce nom n'a été que trop souvent un objet de mépris et d'horreur, une abomination
5 pour ma famille. Est-ce que les vents indignés n'ont pas ébruité jusque dans les plus lointaines régions du globe son incomparable infamie[1] ? Oh ! de tous les proscrits, le proscrit le plus abandonné ! n'es-tu pas mort à ce monde à jamais ? à ses honneurs, à ses fleurs, à ses aspirations dorées ? et un nuage
10 épais, lugubre, illimité, n'est-il pas éternellement suspendu entre tes espérances et le ciel ?

Je ne voudrais pas, quand même je le pourrais, enfermer aujourd'hui dans ces pages le souvenir de mes dernières années d'ineffable misère et d'irrémissible[2] crime. Cette période récente
15 de ma vie a soudainement comporté une hauteur de turpitude[3] dont je veux simplement déterminer l'origine. C'est là pour le moment mon seul but. Les hommes, en général, deviennent vils[4] par degrés. Mais moi, toute vertu s'est détachée de moi, en une minute, d'un seul coup, comme un manteau. D'une perversité relativement ordinaire, j'ai passé, par une enjambée de
20 géant, à des énormités plus qu'héliogabaliques[5]. Permettez-moi

---

1. Déshonneur.
2. Impardonnable.
3. Honte.

4. Indignes.
5. Néologisme créé par Poe à partir du nom de l'empereur romain Elagabal, connu pour ses extravagances.

de raconter tout au long quel hasard, quel unique accident a amené cette malédiction. La mort approche, et l'ombre qui la devance a jeté une influence adoucissante sur mon cœur. Je
25 soupire, en passant à travers la sombre vallée, après la sympathie – j'allais dire la pitié – de mes semblables. Je voudrais leur persuader que j'ai été en quelque sorte l'esclave de circonstances qui défiaient tout contrôle humain. Je désirerais qu'ils découvrissent pour moi, dans les détails que je vais leur donner,
30 quelque petite oasis de *fatalité* dans un Saharah d'erreur. Je voudrais qu'ils accordassent, ce qu'ils ne peuvent pas se refuser à accorder, que, bien que ce monde ait connu de grandes tentations, jamais l'homme n'a été jusqu'ici tenté de cette façon, et certainement n'a jamais succombé de cette façon. Est-ce donc
35 pour cela qu'il n'a jamais connu les mêmes souffrances ? En vérité, n'ai-je pas vécu dans un rêve ? Est-ce que je ne meurs pas victime de l'horreur et du mystère des plus étranges de toutes les visions sublunaires[6] ?

Je suis le descendant d'une race qui s'est distinguée en tout
40 temps par un tempérament imaginatif et facilement excitable ; et ma première enfance prouva que j'avais pleinement hérité du caractère de famille. Quand j'avançai en âge, ce caractère se dessina plus fortement ; il devint, pour mille raisons, une cause d'inquiétude sérieuse pour mes amis, et de préjudice positif
45 pour moi-même. Je devins volontaire, adonné aux plus sauvages caprices ; je fus la proie des plus indomptables passions. Mes parents, qui étaient d'un esprit faible, et que tourmentaient des défauts constitutionnels de même nature, ne pouvaient pas faire grand-chose pour arrêter les tendances mauvaises qui me distin-
50 guaient. Il y eut de leur côté quelques tentatives, faibles, mal dirigées, qui échouèrent complètement, et qui tournèrent pour moi en triomphe complet. À partir de ce moment, ma voix fut une loi domestique ; et, à un âge où peu d'enfants ont quitté

| **6.** De la Terre.

leurs lisières, je fus abandonné à mon libre arbitre, et devins le
55 maître de toutes mes actions, excepté de nom.

Mes premières impressions de la vie d'écolier sont liées à une
vaste et extravagante maison du style d'Élisabeth, dans un
sombre village d'Angleterre, décoré de nombreux arbres gigan-
tesques et noueux, et dont toutes les maisons étaient excessi-
60 vement anciennes. En vérité, c'était un lieu semblable à un rêve
et bien fait pour charmer l'esprit que cette vénérable vieille ville.
En ce moment même je sens en imagination le frisson rafraî-
chissant de ses avenues profondément ombreuses, je respire
l'émanation de ses milles taillis, et je tressaille encore, avec
65 une indéfinissable volupté, à la note profonde et sourde de la
cloche, déchirant à chaque heure, de son rugissement soudain
et morose, la quiétude[7] de l'atmosphère brune dans laquelle
s'enfonçait et s'endormait le clocher gothique[8] tout dentelé.

Je trouve peut-être autant de plaisir qu'il m'est donné d'en
70 éprouver maintenant à m'appesantir sur ces minutieux souvenirs de l'école et de ses rêveries. Plongé dans le malheur comme
je le suis, malheur, hélas ! qui n'est que trop réel, on me pardon-
nera de chercher un soulagement, bien léger et bien court,
dans ces puérils et divaguants détails. D'ailleurs, quoique
75 absolument vulgaires et risibles en eux-mêmes, ils prennent
dans mon imagination une importance circonstancielle, à
cause de leur intime connexion avec les lieux et l'époque où
je distingue maintenant les premiers avertissements ambigus
de la destinée, qui depuis lors m'a si profondément enveloppé
80 de son ombre. Laissez-moi donc me souvenir.

La maison je l'ai dit, était vieille et irrégulière. Les terrains
étaient vastes, et un haut et solide mur de brique, couronné
d'une couche de mortier et de verre cassé, en faisait le circuit.
Ce rempart digne d'une prison formait la limite de notre

---

7. Calme.

8. Style architectural répandu en Europe du XIIe au XVIe siècle.

85 domaine ; nos regards n'allaient au-delà que trois fois par
semaine, une fois chaque samedi, dans l'après-midi, quand,
accompagnés de deux maîtres d'étude, on nous permettait de
faire de courtes promenades en commun à travers la campagne
voisine, et deux fois le dimanche, quand nous allions, avec la
90 régularité des troupes à la parade, assister aux offices du soir
et du matin dans l'unique église du village. Le principal de
notre école était pasteur de cette église. Avec quel profond
sentiment d'admiration et de perplexité avais-je coutume de
le contempler, de notre banc relégué dans la tribune, quand il
95 montait en chaire d'un pas solennel et lent ! Ce personnage
vénérable, avec ce visage si modeste et si bénin, avec une robe
si bien lustrée et si cléricalement ondoyante, avec une perruque
si minutieusement poudrée, si roide et si vaste, pouvait-il être
le même homme qui, tout à l'heure, avec un visage aigre et
100 dans des vêtements souillés de tabac, faisait exécuter, férule[9]
en main, les lois draconiennes[10] de l'école ? Oh ! gigantesque
paradoxe, dont la monstruosité exclut toute solution !

Dans un angle du mur massif rechignait une porte plus
massive encore, solidement fermée, garnie de verrous et
105 surmontée d'un buisson de ferrailles denticulées. Quels sentiments profonds de crainte elle inspirait ! Elle ne s'ouvrait
jamais que pour les trois sorties et rentrées périodiques dont
j'ai déjà parlé ; alors, dans chaque craquement de ses gonds
puissants nous trouvions une plénitude de mystère, tout un
110 monde d'observations solennelles, ou de méditations plus
solennelles encore.

Le vaste enclos était d'une forme irrégulière et divisé en
plusieurs parties, dont trois ou quatre des plus grandes consti-
tuaient la cour de récréation. Elle était aplanie et recouverte d'un
115 sable menu et rude. Je me rappelle bien qu'elle ne contenait

9. Palette de bois avec laquelle on frappait
les écoliers en faute.

10. D'une grande sévérité.

ni arbres ni bancs, ni quoi que ce soit d'analogue. Naturellement elle était située derrière la maison. Devant la façade s'étendait un petit parterre, planté de buis et d'autres arbustes, mais nous ne traversions cette oasis sacrée que dans
120 de bien rares occasions, telles que la première arrivée à l'école ou le départ définitif, ou peut-être quand un ami, un parent nous ayant fait appeler, nous prenions joyeusement notre course vers le logis paternel, aux vacances de Noël ou de la Saint-Jean.

Mais la maison ! quelle curieuse vieille bâtisse cela faisait !
125 Pour moi, quel véritable palais d'enchantements ! Il n'y avait réellement pas de fin à ses détours, à ses incompréhensibles subdivisions. Il était difficile, à n'importe quel moment donné, de dire avec certitude si l'on se trouvait au premier ou au second étage. D'une pièce à l'autre on était toujours sûr de
130 trouver trois ou quatre marches à monter ou à descendre. Puis les subdivisions latérales étaient innombrables, inconcevables, tournaient et retournaient si bien sur elles-mêmes, que nos idées les plus exactes relativement à l'ensemble du bâtiment n'étaient pas très différentes de celles à travers lesquelles nous
135 envisageons l'infini. Durant les cinq ans de ma résidence, je n'ai jamais été capable de déterminer avec précision dans quelle localité lointaine était situé le petit dortoir qui m'était assigné en commun avec dix-huit ou vingt autres écoliers.

La salle d'étude était la plus vaste de toute la maison et
140 même du monde entier ; du moins je ne pouvais m'empêcher de la voir ainsi. Elle était très longue, très étroite et lugubrement basse, avec des fenêtres en ogive et un plafond en chêne. Dans un angle éloigné, d'où émanait la terreur, était une enceinte carrée de huit ou dix pieds, représentant le *sanctum*
145 de notre principal, le révérend Dr Bransby, durant les heures d'étude. C'était une solide construction, avec une porte massive ; plutôt que de l'ouvrir en l'absence du *Dominie*, nous aurions tous préféré mourir de la *peine forte et dure*. À deux

autres angles étaient deux autres loges analogues, objets d'une
150 vénération beaucoup moins grande, il est vrai, mais toutefois
d'une terreur assez considérable; l'une, la chaire[11] du maître
d'humanités, l'autre, du maître d'anglais et de mathématiques.
Éparpillés à travers la salle, d'innombrables bancs et des
pupitres, effroyablement chargés de livres maculés[12] par les
155 doigts, se croisaient dans une irrégularité sans fin, noirs,
anciens, ravagés par le temps, et si bien cicatrisés de lettres
initiales, de noms entiers, de figures grotesques et d'autres
nombreux chefs-d'œuvre du couteau, qu'ils avaient entièrement perdu le peu de forme originelle qui leur avait été réparti
160 dans les jours très anciens. À une extrémité de la salle, se trouvait un énorme seau plein d'eau, et à l'autre, une horloge d'une
dimension prodigieuse.

Enfermé dans les murs massifs de cette vénérable école, je
passai toutefois sans ennui
165 et sans dégoût les années
du troisième lustre[13] de ma
vie. Le cerveau fécond de
l'enfance n'exige pas un
monde extérieur d'inci-
170 dents pour s'occuper ou
s'amuser, et la monotonie
en apparence lugubre de
l'école abondait en exci-

tations plus intenses que toutes celles que ma jeunesse plus
175 mûre a demandées à la volupté, ou ma virilité au crime.
Toutefois, je dois croire que mon premier développement intel-
lectuel fut, en grande partie, peu ordinaire et même déréglé.
En général, les événements de l'existence enfantine ne lais-
sent pas sur l'humanité, arrivée à l'âge mûr, une impression

180 bien définie. Tout est ombre grise, débile[14] et irrégulier souvenir, fouillis confus de faibles plaisirs et de peines fantasmagoriques. Pour moi il n'en est pas ainsi. Il faut que j'aie senti dans mon enfance, avec l'énergie d'un homme fait, tout ce que je trouve encore aujourd'hui frappé sur ma mémoire

185 en lignes aussi vivantes, aussi profondes et aussi durables que les exergues[15] des médailles carthaginoises.

Et cependant, dans le fait, au point de vue ordinaire du monde, qu'il y avait là peu de choses pour le souvenir ! Le réveil du matin, l'ordre du coucher, les leçons à apprendre,

190 les récitations, les demi-congés périodiques et les promenades, la cour de récréation avec ses querelles, ses passe-temps, ses intrigues, tout cela, par une magie psychique disparue, contenait en soi un débordement de sensations, un monde riche d'incidents, un univers d'émotions variées et d'excitations des

195 plus passionnées et des plus enivrantes. *Oh ! le bon temps, que ce siècle de fer !*

En réalité, ma nature ardente, enthousiaste, impérieuse, fit bientôt de moi un caractère marqué parmi mes camarades, et, peu à peu, tout naturellement, me donna un ascendant[16]

200 sur tous ceux qui n'étaient guère plus âgés que moi, sur tous, un seul excepté. C'était un élève qui, sans aucune parenté avec moi, portait le même nom de baptême et le même nom de famille ; circonstance peu remarquable en soi, car le mien, malgré la noblesse de mon origine, était une de ces appella-

205 tions vulgaires qui semblent avoir été de temps immémorial, par droit de prescription, la propriété commune de la foule. Dans ce récit, je me suis donc donné le nom de William Wilson, nom fictif qui n'est pas très éloigné du vrai. Mon homonyme seul, parmi ceux qui, selon la langue de l'école, composaient

---

14. Faible.
15. En numismatique, petit espace réservé dans une médaille pour recevoir une inscription, une date.
16. Autorité.

210 notre classe, osait rivaliser avec moi dans les études de l'école, dans les jeux et les disputes de la récréation, refuser une créance[17] aveugle à mes assertions et une soumission complète à ma volonté, en somme, contrarier ma dictature dans tous les cas possibles. Si jamais il y eut sur la terre un despotisme
215 suprême et sans réserve, c'est le despotisme d'un enfant de génie sur les âmes moins énergiques de ses camarades.

La rébellion de Wilson était pour moi la source du plus grand embarras ; d'autant plus qu'en dépit de la bravade avec laquelle je me faisais un devoir de le traiter publiquement, lui
220 et ses prétentions, je sentais au fond que je le craignais, et je ne pouvais m'empêcher de considérer l'égalité qu'il maintenait si facilement vis-à-vis de moi comme la preuve d'une vraie supériorité, puisque c'était de ma part un effort perpétuel pour n'être pas dominé. Cependant, cette supériorité, ou plutôt
225 cette égalité, n'était vraiment reconnue que par moi seul ; nos camarades, par un inexplicable aveuglement, ne paraissaient même pas la soupçonner. Et vraiment, sa rivalité, sa résistance, et particulièrement son impertinente et hargneuse intervention dans tous mes desseins, ne visaient pas au-delà d'une
230 intention privée. Il paraissait également dépourvu de l'ambition qui me poussait à dominer et de l'énergie passionnée qui m'en donnait les moyens. On aurait pu le croire, dans cette rivalité, dirigé uniquement par un désir fantasque de me contrecarrer, de m'étonner, de me mortifier ; bien qu'il y eût
235 des cas où je ne pouvais m'empêcher de remarquer avec un sentiment confus d'ébahissement, d'humiliation et de colère, qu'il mêlait à ses outrages, à ses impertinences et à ses contradictions, de certains airs d'affectuosité[18] les plus intempestifs, et, assurément, les plus déplaisants du monde. Je ne pouvais me
240 rendre compte d'une si étrange conduite qu'en la supposant

---

17. Croyance, foi. **18.** D'affection.

le résultat d'une parfaite suffisance se permettant le ton vulgaire du patronage et de la protection.

Peut-être était-ce ce dernier trait, dans la conduite de Wilson, qui, joint à notre homonymie[19] et au fait purement accidentel de notre entrée simultanée à l'école, répandit parmi nos condisciples des classes supérieures l'opinion que nous étions frères. Habituellement ils ne s'enquièrent pas avec beaucoup d'exactitude des affaires des plus jeunes. J'ai déjà dit, ou j'aurais dû dire, que Wilson n'était pas, même au degré le plus éloigné, apparenté avec ma famille. Mais assurément, si nous avions été frères, nous aurions été jumeaux ; car, après avoir quitté la maison du Dr Bransby, j'ai appris par hasard que mon homonyme était né le 19 janvier 1813, et c'est là une coïncidence assez remarquable, car ce jour est précisément celui de ma naissance.

Il peut paraître étrange qu'en dépit de la continuelle anxiété que me causait la rivalité de Wilson et son insupportable esprit de contradiction, je ne fusse pas porté à le haïr absolument. Nous avions, à coup sûr, presque tous les jours une querelle, dans laquelle, m'accordant publiquement la palme de la victoire, il s'efforçait en quelque façon de me faire sentir que c'était lui qui l'avait méritée ; cependant un sentiment d'orgueil de ma part, et de la sienne une véritable dignité nous maintenaient toujours dans des termes de stricte convenance, pendant qu'il y avait des points assez nombreux de conformité dans nos caractères pour éveiller en moi un sentiment que notre situation respective empêchait seule peut-être de mûrir en amitié. Il m'est difficile, en vérité, de définir ou même de décrire mes vrais sentiments à son égard ; ils formaient un amalgame bigarré et hétérogène, une animosité pétulante qui n'était pas encore de la haine, de l'estime, encore plus

245
250
255
260
265
270

19. Se dit des mots de prononciation identique.

de respect, beaucoup de crainte et une immense et inquiète curiosité. Il est superflu d'ajouter, pour le moraliste, que Wilson et moi, nous étions les plus inséparables des camarades.

275   Ce fut sans doute l'anomalie et l'ambiguïté de nos relations qui coulèrent toutes mes attaques contre lui, et, franches ou dissimulées, elles étaient nombreuses, dans le moule de l'ironie et de la charge (la bouffonnerie ne fait-elle pas d'excellentes blessures ?), plutôt qu'en une hostilité plus sérieuse et plus déter-
280 minée. Mais mes efforts sur ce point n'obtenaient pas réguliè-rement un parfait triomphe, même quand mes plans étaient le plus ingénieusement machinés ; car mon homonyme avait dans son caractère beaucoup de cette austérité pleine de réserve et de calme, qui, tout en jouissant de la morsure de ses propres
285 railleries, ne montre jamais le talon d'Achille et se dérobe abso-lument au ridicule. Je ne pouvais trouver en lui qu'un seul point vulnérable[20], et c'était dans un détail physique, qui, venant peut-être d'une infirmité[21] constitutionnelle, aurait été épargné par tout antagoniste moins acharné à ses fins que je ne l'étais ; mon
290 rival avait une faiblesse dans l'appareil vocal qui l'empêchait de jamais élever la voix *au-dessus d'un chuchotement très bas*. Je ne manquais pas de tirer de cette imperfection tout le pauvre avantage qui était en mon pouvoir.

   Les représailles de Wilson étaient de plus d'une sorte, et il
295 avait particulièrement un genre de malice qui me troublait outre mesure. Comment eut-il dans le principe la sagacité de découvrir qu'une chose aussi minime pouvait me vexer, c'est une question que je n'ai jamais pu résoudre ; mais une fois qu'il l'eut découverte, il pratiqua opiniâtrement cette torture.
300 Je m'étais toujours senti de l'aversion[22] pour mon malheu-reux nom de famille, si inélégant, et pour mon prénom, si trivial, sinon tout à fait plébéien. Ces syllabes étaient un poison

---

20. Qui peut facilement être atteint.   **22.** Dégoût.
21. Faiblesse.

pour mes oreilles ; et quand, le jour même de mon arrivée, un second William Wilson se présenta dans l'école, je lui en
305 voulus de porter ce nom, et je me dégoûtai doublement du nom parce qu'un étranger le portait, un étranger qui serait cause que je l'entendrais prononcer deux fois plus souvent, qui serait constamment en ma présence, et dont les affaires, dans le train-train ordinaire des choses de collège, seraient
310 souvent et inévitablement, en raison de cette détestable coïncidence, confondues avec les miennes.

Le sentiment d'irritation créé par cet accident devint plus vif à chaque circonstance qui tendait à mettre en lumière toute ressemblance morale ou physique entre mon rival et moi. Je
315 n'avais pas encore découvert ce très remarquable fait de parité[23] dans notre âge ; mais je voyais que nous étions de la même taille, et je m'apercevais que nous avions même une singulière ressemblance dans notre physionomie générale et dans nos traits. J'étais également exaspéré par le bruit qui courait sur
320 notre parenté, et qui avait généralement crédit dans les classes supérieures. En un mot, rien ne pouvait plus sérieusement me troubler (quoique je cachasse avec le plus grand soin tout symptôme de ce trouble) qu'une allusion quelconque à une similitude entre nous, relative à l'esprit, à la personne, ou à la
325 naissance ; mais vraiment je n'avais aucune raison de croire que cette similitude (à l'exception du fait de la parenté, et de tout ce que savait voir Wilson lui-même) eût jamais été un sujet de commentaires ou même remarquée par nos camarades de classe. Que *lui*, il l'observât sous toutes ses faces, et avec autant
330 d'attention que moi-même, cela était clair ; mais qu'il eût pu découvrir dans de pareilles circonstances une mine si riche de contrariétés, je ne peux l'attribuer, comme je l'ai déjà dit, qu'à sa pénétration[24] plus qu'ordinaire.

---

23. Égalité. **24.** Intelligence, perspicacité.

Il me donnait la réplique avec une parfaite imitation de moi-
335 même, gestes et paroles, et il jouait admirablement son rôle.
Mon costume était chose facile à copier ; ma démarche et mon
allure générale, il se les était appropriées sans difficulté ; en
dépit de son défaut constitutionnel, ma voix elle-même ne lui
avait pas échappé. Naturellement il n'essayait pas les tons
340 élevés, mais la clef était identique, et *sa voix, pourvu qu'il
parlât bas, devenait le parfait écho de la mienne.*

À quel point ce curieux portrait (car je ne puis pas l'appeler
proprement une caricature) me tourmentait, je n'entrepren-
drai pas de le dire. Je n'avais qu'une consolation, c'était que
345 l'imitation, à ce qu'il me semblait, n'était remarquée que par
moi seul, et que j'avais simplement à endurer les sourires
mystérieux et étrangement sarcastiques de mon homonyme.
Satisfait d'avoir produit sur mon cœur l'effet voulu, il semblait
s'épanouir en secret sur la piqûre qu'il m'avait infligée et se
350 montrer singulièrement dédaigneux des applaudissements
publics que le succès de son ingéniosité lui aurait si facilement
conquis. Comment nos camarades ne devinaient-ils pas son
dessein, n'en voyaient-ils pas la mise en œuvre, et ne parta-
geaient-ils pas sa joie moqueuse ? ce fut pendant plusieurs
355 mois d'inquiétude une énigme insoluble pour moi. Peut-être
la lenteur graduée de son imitation la rendit-elle moins
voyante, ou plutôt devais-je ma sécurité à l'air de *maîtrise* que
prenait si bien le copiste, qui dédaignait la *lettre*, tout ce que
les esprits obtus peuvent saisir dans une peinture, et ne donnait
360 que le parfait esprit de l'original pour ma plus grande admiration et mon plus grand chagrin personnel.

J'ai déjà parlé plusieurs fois de l'air navrant de protection
qu'il avait pris vis-à-vis de moi, et de sa fréquente et officieuse
intervention dans mes volontés. Cette intervention prenait
365 souvent le caractère déplaisant d'un avis ; avis qui n'était
pas donné ouvertement, mais suggéré, insinué. Je le recevais

avec une répugnance qui prenait de la force à mesure que je prenais de l'âge. Cependant, à cette époque déjà lointaine, je veux lui rendre cette stricte justice de reconnaître que je ne me rappelle pas un seul cas où les suggestions de mon rival aient participé à ce caractère d'erreur et de folie, si naturel dans son âge, généralement dénué de maturité et d'expérience ; que son sens moral, sinon ses talents et sa prudence mondaine, était beaucoup plus fin que le mien ; et que je serais aujourd'hui un homme meilleur et conséquemment plus heureux, si j'avais rejeté moins souvent les conseils inclus dans ces chuchotements significatifs qui ne m'inspiraient alors qu'une haine si cordiale et un mépris si amer.

Aussi je devins, à la longue, excessivement rebelle à son odieuse surveillance, et je détestai chaque jour plus ouvertement ce que je considérais comme une intolérable arrogance. J'ai dit que, dans les premières années de notre camaraderie, mes sentiments vis-à-vis de lui auraient facilement tourné en amitié ; mais pendant les derniers mois de mon séjour à l'école, quoique l'importunité[25] de ses façons habituelles fût sans doute bien diminuée, mes sentiments, dans une proportion presque semblable, avaient incliné vers la haine positive. Dans une certaine circonstance, il le vit bien, je présume, et dès lors il m'évita, ou affecta de m'éviter.

Ce fut à peu près vers la même époque, si j'ai bonne mémoire, que, dans une altercation[26] violente que j'eus avec lui, où il avait perdu de sa réserve habituelle, et parlait et agissait avec un laisser-aller presque étranger à sa nature, je découvris ou m'imaginai découvrir dans son accent, dans son air, dans sa physionomie générale, quelque chose qui d'abord me fit tressaillir, puis m'intéressa profondément, en apportant à mon esprit des visions obscures de ma première enfance, des souvenirs étranges, confus,

---

| **25.** Aspect gênant. | **26.** Dispute.

pressés, d'un temps où ma mémoire n'était pas encore née. Je ne saurais mieux définir la sensation qui m'oppressait qu'en 400 disant qu'il m'était difficile de me débarrasser de l'idée que j'avais déjà connu l'être placé devant moi, à une époque très ancienne, dans un passé même extrêmement reculé. Cette illusion toutefois s'évanouit aussi rapidement qu'elle était venue ; et je n'en tiens note que pour marquer le jour du dernier 405 entretien que j'eus avec mon singulier homonyme.

La vieille et vaste maison, dans ses innombrables subdivisions, comprenait plusieurs grandes chambres qui communiquaient entre elles et servaient de dortoirs au plus grand nombre des élèves. Il y avait néanmoins (comme cela 410 devait arriver nécessairement dans un bâtiment aussi malencontreusement dessiné) une foule de coins et de recoins, les rognures et les bouts de la construction ; et l'ingéniosité économique du Dr Bransby les avait également transformés en dortoirs ; mais, comme ce n'étaient que de simples cabinets, 415 ils ne pouvaient servir qu'à un seul individu. Une de ces petites chambres était occupée par Wilson.

Une nuit, vers la fin de ma cinquième année à l'école, et immédiatement après l'altercation dont j'ai parlé, profitant de ce que tout le monde était plongé dans le sommeil, je me 420 levai de mon lit, et, une lampe à la main, je me glissai, à travers un labyrinthe d'étroits passages, de ma chambre à coucher vers celle de mon rival. J'avais longuement machiné à ses dépens une de ces méchantes charges, une de ces malices[27] dans lesquelles j'avais si complètement échoué jusqu'alors. 425 J'avais l'idée de mettre dès lors mon plan à exécution, et je résolus de lui faire sentir toute la force de la méchanceté dont j'étais rempli. J'arrivai jusqu'à son cabinet, j'entrai sans faire de bruit, laissant ma lampe à la porte avec un abat-jour dessus.

---

27. Ruse.

J'avançai d'un pas, et j'écoutai le bruit de sa respiration
430 paisible. Certain qu'il était bien endormi, je retournai à la
porte, je pris ma lampe, et je m'approchai de nouveau du lit.
Les rideaux étaient fermés ; je les ouvris doucement et lentement pour l'exécution de mon projet ; mais une lumière vive
tomba en plein sur le dormeur, et en même temps mes yeux
435 s'arrêtèrent sur sa physionomie. Je regardai ; et un engourdissement, une sensation de glace pénétrèrent instantanément
tout mon être. Mon cœur palpita, mes genoux vacillèrent,
toute mon âme fut prise d'une horreur intolérable et inexplicable. Je respirai convulsivement, j'abaissai la lampe encore
440 plus près de sa face. Étaient-ce, étaient-ce bien là les traits de
William Wilson ? Je voyais bien que c'étaient les siens, mais
je tremblais, comme pris d'un accès de fièvre en m'imaginant
que ce n'étaient pas les siens. Qu'y avait-il donc en eux qui
pût me confondre à ce point ? Je le contemplais, et ma cervelle
445 tournait sous l'action de mille pensées incohérentes. Il ne m'apparaissait pas *ainsi*, non, certes, il ne
m'apparaissait pas *tel*, aux heures
actives où il était éveillé. Le même
nom ! les mêmes traits ! entrés le
450 même jour à l'école ! Et puis, cette
hargneuse et inexplicable imitation
de ma démarche, de ma voix, de mon
costume et de mes manières ! Était-
ce, en vérité, dans les limites du
455 possible humain, que *ce que je voyais
maintenant* fût le simple résultat de
cette habitude d'imitation sarcastique ? Frappé d'effroi, pris de frisson,
j'éteignis ma lampe, je sortis silen-
460 cieusement de la chambre, et quittai une bonne fois l'enceinte
de cette vieille école pour n'y jamais revenir.

Après un laps de quelques mois, que je passai chez mes parents dans la pure fainéantise, je fus placé au collège d'Eton[28]. Ce court intervalle avait été suffisant pour affaiblir en moi le
465 souvenir des événements de l'école Bransby, ou au moins pour opérer un changement notable dans la nature des sentiments que ces souvenirs m'inspiraient. La réalité, le côté tragique du drame, n'existait plus. Je trouvais maintenant quelques motifs pour douter du témoignage de mes sens, et je me rappe-
470 lais rarement l'aventure sans admirer jusqu'où peut aller la crédulité[29] humaine, et sans sourire de la force prodigieuse d'imagination que je tenais de ma famille. Or, la vie que je menais à Eton n'était guère de nature à diminuer cette espèce de scepticisme[30]. Le tourbillon de folie où je me plongeai immé-
475 diatement et sans réflexion balaya tout, excepté l'écume de mes heures passées, absorba d'un seul coup toute impression solide et sérieuse, et ne laissa absolument dans mon souvenir que les étourderies de mon existence précédente.

Je n'ai pas l'intention, toutefois, de tracer ici le cours de mes
480 misérables dérèglements, dérèglements qui défiaient toute loi et éludaient toute surveillance. Trois années de folie, dépensées sans profit, n'avaient pu me donner que des habitudes de vice enracinées, et avaient accru d'une manière presque anormale mon développement physique. Un jour, après une semaine
485 entière de dissipation abrutissante, j'invitai une société d'étu-diants des plus dissolus[31] à une orgie secrète dans ma chambre. Nous nous réunîmes à une heure avancée de la nuit, car notre débauche devait se prolonger religieusement jusqu'au matin. Le vin coulait librement, et d'autres séductions plus dange-
490 reuses peut-être n'avaient pas été négligées ; si bien que, comme l'aube pâlissait le ciel à l'orient, notre délire et nos

---

28. Grand collège anglais situé près de Londres.
29. Naïveté.
30. Doute.
31. Débauchés.
32. Étoffe de laine légère.

extravagances étaient à leur apogée. Furieusement enflammé par les cartes et par l'ivresse, je m'obstinais à porter un toast étrangement indécent, quand mon attention fut soudainement distraite
495 par une porte qu'on entrebâilla vivement et par la voix précipitée d'un domestique. Il me dit qu'une personne qui avait l'air fort pressée demandait à me parler dans le vestibule.

Singulièrement excité par le vin, cette interruption inattendue me causa plus de plaisir que de surprise. Je me préci-
500 pitai en chancelant, et en quelques pas je fus dans le vestibule de la maison. Dans cette salle basse et étroite il n'y avait aucune lampe, et elle ne recevait d'autre lumière que celle de l'aube, excessivement faible, qui se glissait à travers la fenêtre cintrée. En mettant le pied sur le seuil, je distinguai la personne d'un
505 jeune homme, de ma taille à peu près, et vêtu d'une robe de chambre de casimir[32] blanc, coupée à la nouvelle mode, comme celle que je portais en ce moment. Cette faible lueur me permit de voir tout cela ; mais les traits de la face, je ne pus les distinguer. À peine fus-je entré qu'il se précipita vers moi, et, me
510 saisissant par le bras avec un geste impératif d'impatience, me chuchota à l'oreille ces mots : « William Wilson ! »

En une seconde je fus dégrisé[33].

Il y avait dans la manière de l'étranger, dans le tremblement nerveux de son doigt qu'il tenait levé entre mes yeux et la
515 lumière, quelque chose qui me remplit d'un complet étonnement ; mais ce n'était pas là ce qui m'avait si violemment ému. C'était l'importance, la solennité d'admonition[34] contenue dans cette parole singulière, basse, sifflante ; et, par-dessus tout, le caractère, le ton, la *clef* de ces quelques syllabes,
520 simples, familières, et toutefois mystérieusement *chuchotées*, qui vinrent, avec mille souvenirs accumulés des jours passés,

---

33. Dégriser : tirer quelqu'un de l'état d'ivresse.
34. Avertissement sévère.

35. Recherche.
36. Grande université anglaise.

s'abattre sur mon âme, comme une décharge de pile voltaïque. Avant que j'eusse pu recouvrer mes sens, il avait disparu.

Quoique cet événement eût à coup sûr produit un effet très vif sur mon imagination déréglée, cependant cet effet, si vif, alla bientôt s'évanouissant. Pendant plusieurs semaines, à la vérité, tantôt je me livrai à l'investigation[35] la plus sérieuse, tantôt je restai enveloppé d'un nuage de méditation morbide. Je n'essayai pas de me dissimuler l'identité du singulier individu qui s'immisçait si opiniâtrement dans mes affaires et me fatiguait de ses conseils officieux. Mais qui était, mais qu'était ce Wilson ? Et d'où venait-il ? Et quel était son but ? Sur aucun de ces points je ne pus me satisfaire ; je constatai seulement, relativement à lui, qu'un accident soudain dans sa famille lui avait fait quitter l'école du Dr Bransby dans l'après-midi du jour où je m'étais enfui. Mais après un certain temps, je cessai d'y rêver, et mon attention fut tout absorbée par un départ projeté pour Oxford[36]. Là, j'en vins bientôt, la vanité prodigue[37] de mes parents me permettant de mener un train coûteux et de me livrer à mon gré au luxe déjà si cher à mon cœur, à rivaliser en prodigalités avec les plus superbes héritiers des plus riches comtés de la Grande-Bretagne.

Encouragé au vice par de pareils moyens, ma nature éclata avec une ardeur double, et, dans le fol enivrement de mes débauches, je foulai aux pieds les vulgaires entraves de la décence. Mais il serait absurde de m'appesantir sur le détail de mes extravagances. Il suffira de dire que je dépassai Hérode[38] en dissipations, et que, donnant un nom à une multitude de folies nouvelles, j'ajoutai un copieux appendice[39] au long catalogue des vices qui régnaient alors dans l'université la plus dissolue de l'Europe.

---

37. Généreux.
38. Incarne pour Poe la monstruosité et la cruauté.
39. Supplément (à la fin d'un livre).
40. Qui n'a plus son titre.
41. Partisan, fidèle (d'une secte).

Il paraîtra difficile à croire que je fusse tellement déchu[40] du rang de gentilhomme, que je cherchasse à me familiariser avec les artifices les plus vils du joueur de profession, et, devenu un adepte[41] de cette science méprisable, que je la pratiquasse habituellement comme moyen d'accroître mon revenu, déjà énorme, aux dépens de ceux de mes camarades dont l'esprit était le plus faible. Et cependant tel était le fait. Et l'énormité même de cet attentat contre tous les sentiments de dignité et d'honneur était évidemment la principale, sinon la seule raison de mon impunité[42]. Qui donc, parmi mes camarades les plus dépravés[43], n'aurait pas contredit le plus clair témoignage de ses sens, plutôt que de soupçonner d'une pareille conduite le joyeux, le franc, le généreux William Wilson, le plus noble et le plus libéral compagnon d'Oxford, celui dont les folies, disaient ses parasites, n'étaient que les folies d'une jeunesse et d'une imagination sans frein, dont les erreurs n'étaient que d'inimitables caprices, les vices les plus noirs, une insoucieuse et superbe extravagance ?

J'avais déjà rempli deux années de cette joyeuse façon, quand arriva à l'université un jeune homme de fraîche noblesse, un nommé Glendinning, riche, disait la voix publique, comme Hérode Atticus, et à qui sa richesse n'avait pas coûté plus de peine. Je découvris bien vite qu'il était d'une intelligence faible, et naturellement je le marquai comme une excellente victime de mes talents. Je l'engageai fréquemment à jouer, et m'appliquai, avec la ruse habituelle du joueur, à lui laisser gagner des sommes considérables, pour l'enlacer plus efficacement dans mes filets. Enfin, mon plan étant bien mûri, je me rencontrai avec lui, dans l'intention bien arrêtée d'en finir, chez un de nos camarades, M. Preston, également lié avec nous deux, mais qui, je dois lui rendre cette justice, n'avait pas le moindre

---

42. Absence de punition.
43. Personne immorale.

44. But, intention.
45. Jeu de cartes où chaque joueur peut, si

soupçon de mon dessein[44]. Pour donner à tout cela une meilleure couleur, j'avais eu soin d'inviter une société de huit ou dix
585 personnes, et je m'étais particulièrement appliqué à ce que l'introduction des cartes parût tout à fait accidentelle, et n'eût lieu que sur la proposition de la dupe que j'avais en vue. Pour abréger en un sujet aussi vil, je ne négligeai aucune des basses finesses, si banalement pratiquées en pareille occasion, que c'est merveille
590 qu'il y ait toujours des gens assez sots pour en être les victimes.

Nous avions prolongé notre veillée assez avant dans la nuit, quand j'opérai enfin de manière à prendre Glendinning pour mon unique adversaire. Le jeu était mon jeu favori, l'écarté[45].
Les autres personnes de la société, intéressées par les propo-
595 sitions grandioses de notre jeu, avaient laissé leurs cartes et faisaient galerie autour de nous. Notre parvenu[46], que j'avais adroitement poussé dans la première partie de la soirée à boire richement, mêlait, donnait et jouait d'une manière étrangement nerveuse, dans laquelle son ivresse, pensai-je, était pour
600 quelque chose, mais qu'elle n'expliquait pas entièrement. En très peu de temps il était devenu mon débiteur pour une forte somme, quand, ayant avalé une longue rasade d'oporto, il fit juste ce que j'avais froidement prévu, il proposa de doubler notre enjeu, déjà fort extravagant. Avec une heureuse affec-
605 tation de résistance, et seulement après que mon refus réitéré l'eut entraîné à des paroles aigres qui donnèrent à mon consentement l'apparence d'une pique, finalement je m'exécutai. Le résultat fut ce qu'il devait être : la proie s'était complètement empêtrée dans mes filets ; en moins d'une heure, il avait
610 quadruplé sa dette. Depuis quelque temps, sa physionomie avait perdu le teint fleuri que lui prêtait le vin ; mais alors,

l'adversaire l'accorde, écarter les cartes qui ne lui conviennent pas et en recevoir d'autres.
46. Personne qui s'est élevée à une condition supérieure sans en acquérir les

manières.

je m'aperçus avec étonnement qu'elle était arrivée à une pâleur vraiment terrible. Je dis : avec étonnement ; car j'avais pris sur Glendinning de soigneuses informations ; on me l'avait repré
615 senté comme immensément riche, et les sommes qu'il avait perdues jusqu'ici, quoique réellement fortes, ne pouvaient pas, je le supposais du moins, le tracasser très sérieusement, encore moins l'affecter d'une manière aussi violente. L'idée qui se présenta le plus naturellement à mon esprit fut qu'il
620 était bouleversé par le vin qu'il venait de boire ; et dans le but de sauvegarder mon caractère aux yeux de mes camarades, plutôt que par un motif de désintéressement, j'allais insister péremptoirement[47] pour interrompre le jeu, quand quelques mots prononcés à côté de moi parmi les personnes
625 présentes, et une exclamation de Glendinning qui témoignait du plus complet désespoir, me firent comprendre que j'avais opéré sa ruine totale, dans des conditions qui avaient fait de lui un objet de pitié pour tous, et l'auraient protégé même contre les mauvais offices d'un démon.

630 Quelle conduite eussé-je adoptée dans cette circonstance, il me serait difficile de le dire. La déplorable situation de ma dupe[48] avait jeté sur tout le monde un air de gêne et de tristesse ; et il régna un silence profond de quelques minutes, pendant lequel je sentais en dépit de moi mes joues fourmiller
635 sous les regards brûlants de mépris et de reproche que m'adressaient les moins endurcis de la société. J'avouerai même que mon cœur se trouva momentanément déchargé d'un intolérable poids d'angoisse par la soudaine et extraordinaire interruption qui suivit. Les lourds battants de la porte de la
640 chambre s'ouvrirent tout grands, d'un seul coup, avec une impétuosité[49] si vigoureuse et si violente que toutes les bougies s'éteignirent comme par enchantement. Mais la lumière

---

47. D'une façon décisive, tranchante.   **49.** Violence.
48. Personne que l'on trompe.

mourante me permit d'apercevoir qu'un étranger s'était intro-
duit, un homme de ma taille à peu près, et étroitement enve-
645 loppé d'un manteau. Cependant les ténèbres étaient maintenant complètes, et nous pouvions seulement *sentir* qu'il se
tenait au milieu de nous. Avant qu'aucun de nous fût revenu
de l'excessif étonnement où nous avait tous jetés cette violence,
nous entendîmes la voix de l'intrus :

650   — Gentlemen, dit-il, *d'une voix très basse*, mais distincte,
d'une voix inoubliable qui pénétra la moelle de mes os, gentlemen, je ne cherche pas à excuser ma conduite, parce qu'en
me conduisant ainsi, je ne fais qu'accomplir un devoir. Vous
n'êtes sans doute pas au fait du vrai caractère de la personne
655 qui a gagné cette nuit une somme énorme à l'écarté à lord
Glendinning. Je vais donc vous proposer un moyen expé-
ditif et décisif pour vous procurer ces très importants rensei-
gnements. Examinez, je vous prie, tout à votre aise, la doublure
du parement[50] de sa manche gauche et les quelques petits
660 paquets que l'on trouvera dans les poches passablement vastes
de sa robe de chambre brodée.

Pendant qu'il parlait, le silence était si profond qu'on aurait
entendu tomber une épingle sur le tapis. Quand il eut fini, il
partit tout d'un coup, aussi brusquement qu'il était entré.
665 Puis-je décrire, décrirai-je mes sensations ? Faut-il dire que
je sentis toutes les horreurs du damné ? J'avais certainement
peu de temps pour la réflexion. Plusieurs bras m'empoignè-
rent rudement, et on se procura immédiatement de la lumière.
Une perquisition suivit. Dans la doublure de ma manche on
670 trouva toutes les figures essentielles de l'écarté, et dans les
poches de ma robe de chambre un certain nombre de jeux
de cartes exactement semblables à ceux dont nous nous
servions dans nos réunions, à l'exception que les miennes

---

50. Revers sur les manches d'un vêtement.

étaient de celles qu'on appelle, proprement, *arrondies*, les
675 honneurs[51] étant très légèrement convexes sur les petits côtés,
et les basses cartes imperceptiblement convexes sur les grands.
Grâce à cette disposition, la dupe qui coupe, comme d'habitude, dans la longueur du paquet, coupe invariablement de
manière à donner un honneur à son adversaire ; tandis que
680 le Grec, en coupant dans la largeur, ne donnera jamais à sa
victime rien qu'elle puisse marquer à son avantage.

Une tempête d'indignation m'aurait moins affecté que le
silence méprisant et le calme sarcastique qui accueillirent cette
découverte.

685 — Monsieur Wilson, dit notre hôte, en se baissant pour
ramasser sous ses pieds un magnifique manteau doublé d'une
fourrure précieuse, monsieur Wilson, ceci est à vous. (Le temps
était froid, et en quittant ma chambre j'avais jeté par-dessus
mon vêtement du matin un manteau que j'ôtai en arrivant sur
690 le théâtre du jeu.) Je présume, ajouta-t-il en regardant les
plis du vêtement avec un sourire amer, qu'il est bien superflu
de chercher ici de nouvelles preuves de votre savoir-faire.
Vraiment, nous en avons assez. J'espère que vous compren-
drez la nécessité de quitter Oxford, en tout cas, de sortir à
695 l'instant de chez moi.

Avili, humilié ainsi jusqu'à la boue, il est probable que j'eusse
châtié[52] ce langage insultant par une violence personnelle
immédiate, si toute mon attention n'avait pas été en ce moment
arrêtée par un fait de la nature la plus surprenante. Le manteau
700 que j'avais apporté était d'une fourrure supérieure, d'une
rareté et d'un prix extravagant, il est inutile de le dire. La
coupe était une coupe de fantaisie, de mon invention ; car dans
ces matières frivoles j'étais difficile, et je poussais les rages
du dandysme[53] jusqu'à l'absurde. Donc, quand M. Preston

---

51. Figures ou cartes les plus hautes.   **53.** Élégance.
52. Punir.

me tendit celui qu'il avait ramassé par terre, auprès de la porte de la chambre, ce fut avec un étonnement voisin de la terreur que je m'aperçus que j'avais déjà le mien sur mon bras, où je l'avais sans doute placé sans y penser, et que celui qu'il me présentait en était l'exacte contrefaçon dans tous ses plus minutieux détails. L'être singulier qui m'avait si désastreusement dévoilé était, je me le rappelais bien, enveloppé d'un manteau ; et aucun des individus présents, excepté moi, n'en avait apporté avec lui. Je conservai quelque présence d'esprit, je pris celui que m'offrait Preston ; je le plaçai, sans qu'on y prît garde, sur le mien ; je sortis de la chambre avec un défi et une menace dans le regard ; et le matin même, avant le point du jour, je m'enfuis précipitamment d'Oxford vers le continent, dans une vraie agonie d'horreur et de honte.

Je fuyais en vain. Ma destinée maudite m'a poursuivi, triomphante, et me prouvant que son mystérieux pouvoir n'avait fait jusqu'alors que de commencer. À peine eus-je mis le pied dans Paris, que j'eus une preuve nouvelle du détestable intérêt que le Wilson prenait à mes affaires. Les années s'écoulèrent, et je n'eus point de répit. Misérable ! À Rome, avec quelle importune obséquiosité[54], avec quelle tendresse de spectre il s'interposa entre moi et mon ambition ! Et à Vienne ! et à Berlin ! et à Moscou ! Où donc ne trouvai-je pas quelque amère raison de le maudire au fond de mon cœur ? Frappé d'une panique, je pris enfin la fuite devant son impénétrable tyrannie, comme devant une peste, et jusqu'au bout du monde j'ai fui, *j'ai fui en vain.*

Et toujours, et toujours interrogeant secrètement mon âme, je répétais mes questions : Qui est-il ? D'où vient-il ? Et quel est son dessein ? Mais je ne trouvais pas de réponses. Et j'analysais alors avec un soin minutieux les formes, la méthode

54. Attitude de quelqu'un qui accentue les marques de politesse.   **55.** Hypothèse.

et les traits caractéristiques de son insolente surveillance. Mais, là encore, je ne trouvais pas grand-chose qui pût servir de base à une conjecture[55]. C'était vraiment une chose remarquable que, dans les cas nombreux où il avait récemment traversé mon chemin, il ne l'eût jamais fait que pour dérouter des plans ou déranger des opérations qui, s'ils avaient réussi, n'auraient abouti qu'à une amère déconvenue. Pauvre justification, en vérité, que celle-là, pour une autorité si impérieusement usurpée ! Pauvre indemnité pour ces droits naturels de libre arbitre si opiniâtrement, si insolemment déniés !

J'avais aussi été forcé de remarquer que mon bourreau, depuis un fort long espace de temps, tout en exerçant scrupuleusement et avec une dextérité[56] miraculeuse cette manie de toilette identique à la mienne, s'était toujours arrangé, à chaque fois qu'il posait son intervention dans ma volonté, de manière que je ne pusse voir les traits de sa face. Quoi que pût être ce damné Wilson, certes un pareil mystère était le comble de l'affectation et de la sottise. Pouvait-il avoir supposé un instant que dans mon donneur d'avis à Eton, dans le destructeur de mon honneur à Oxford, dans celui qui avait contrecarré mon ambition à Rome, ma vengeance à Paris, mon amour passionné à Naples, en Égypte ce qu'il appelait à tort ma cupidité[57], que dans cet être, mon grand ennemi et mon mauvais génie, je ne reconnaîtrais pas le William Wilson de mes années de collège, l'homonyme, le camarade, le rival, le rival exécré et redouté de la maison Bransby ? Impossible ! Mais laissez-moi courir à la terrible scène finale du drame.

Jusqu'alors je m'étais soumis lâchement à son impérieuse domination. Le sentiment de profond respect avec lequel je m'étais accoutumé à considérer le caractère élevé, la sagesse majestueuse, l'omniprésence et l'omnipotence[58] apparentes

---

56. Habileté.
57. Avidité.

58. Pouvoir absolu.

de Wilson, joint à je ne sais quelle sensation de terreur que m'inspiraient certains autres traits de sa nature et certains privilèges
avaient créé en moi l'idée de mon entière faiblesse et de mon
770 impuissance, et m'avaient conseillé une soumission sans réserve,
quoique pleine d'amertume et de répugnance, à son arbitraire
dictature. Mais, depuis ces derniers temps, je m'étais entièrement adonné au vin, et son influence exaspérante sur mon
tempérament héréditaire me rendait de plus en plus impatient
775 de tout contrôler. Je commençai à murmurer, à hésiter, à résister.
Et fut-ce simplement mon imagination qui m'induisit à croire
que l'opiniâtreté de mon bourreau diminuerait en raison de
ma propre fermeté ? Il est possible ; mais, en tout cas, je
commençais à sentir l'inspiration d'une espérance ardente, et
780 je finis par nourrir dans le secret de mes pensées la sombre et
désespérée résolution de m'affranchir de cet esclavage.

C'était à Rome, pendant le carnaval de 18... ; j'étais à un
bal masqué dans le palais du duc Di Broglio, de Naples. J'avais
fait abus du vin encore plus que de coutume, et l'atmosphère
785 étouffante des salons encombrés m'irritait insupportablement.
La difficulté de me frayer un passage à travers la cohue ne
contribua pas peu à exaspérer mon humeur ; car je cherchais
avec anxiété (je ne dirai pas pour quel indigne motif) la jeune,
la joyeuse, la belle épouse du vieux et extravagant Di Broglio.
790 Avec une confiance passablement imprudente, elle m'avait
confié le secret du costume qu'elle devait porter ; et comme
je venais de l'apercevoir au loin, j'avais hâte d'arriver jusqu'à
elle. En ce moment, je sentis une main qui se posa doucement sur mon épaule, et puis cet inoubliable, ce profond, ce
795 maudit *chuchotement* dans mon oreille !

Pris d'une rage frénétique, je me tournai brusquement vers
celui qui m'avait ainsi troublé, et je le saisis violemment au
collet. Il portait, comme je m'y attendais, un costume absolument semblable au mien : un manteau espagnol de velours

800 bleu, et autour de la taille une ceinture cramoisie[59] où se rattachait une rapière. Un masque de soie noire recouvrait entièrement sa face.

— Misérable ! m'écriai-je d'une voix enrouée par la rage, et chaque syllabe qui m'échappait était comme un aliment
805 pour le feu de ma colère, misérable ! imposteur[60] ! scélérat maudit ! tu ne me suivras plus à la piste, tu ne me harcèleras pas jusqu'à la mort ! Suis-moi, ou je t'embroche sur place !

Et je m'ouvris un chemin de la salle de bal vers une petite antichambre attenante, le traînant irrésistiblement avec moi.
810 En entrant, je le jetai furieusement loin de moi. Il alla chanceler contre le mur ; je fermai la porte en jurant, et lui ordonnai de dégainer. Il hésita une seconde ; puis, avec un léger soupir, il tira silencieusement son épée et se mit en garde.

Le combat ne fut certes pas long. J'étais exaspéré par les
815 plus ardentes excitations de tout genre, et je me sentais dans un seul bras l'énergie et la puissance d'une multitude. En quelques secondes, je l'acculai par la force du poignet contre la boiserie, et là, le tenant à ma discrétion, je lui plongeai, à plusieurs reprises et coup sur coup, mon épée dans la poitrine
820 avec une férocité de brute.

En ce moment, quelqu'un toucha à la serrure de la porte. Je me hâtai de prévenir une invasion importune[61], et je retournai immédiatement vers mon adversaire mourant. Mais quelle langue humaine peut rendre suffisamment cet éton-
825 nement, cette horreur qui s'emparèrent de moi au spectacle que virent alors mes yeux. Le court instant pendant lequel je m'étais détourné avait suffi pour produire, en apparence, un changement matériel dans les dispositions locales à l'autre bout de la chambre. Une vaste glace, dans mon trouble, cela

---

60. Celui qui donne de fausses apparences.
61. Gênante.

830 m'apparut d'abord ainsi, se dressait là où je n'en avais pas vu trace auparavant ; et, comme je marchais frappé de terreur vers ce miroir, ma 835 propre image, mais avec une face pâle et barbouillée de sang, s'avança à ma rencontre d'un pas faible et vacillant.

C'est ainsi que la chose 840 m'apparut, dis-je, mais telle elle n'était pas. C'était mon adversaire, c'était Wilson qui se tenait devant moi dans son agonie. Son masque et son

René Magritte (1898-1967),
La Reproduction interdite,
peinture, 1937.

845 manteau gisaient sur le parquet, là où il les avait jetés. Pas un fil dans son vêtement, pas une ligne dans toute sa figure si caractérisée et si singulière, qui ne fût *mien*, qui ne fût *mienne* ; c'était l'absolu dans l'identité !

C'était Wilson, mais Wilson ne chuchotant plus ses paroles 850 maintenant ! si bien que j'aurais pu croire que c'était moi-même qui parlais quand il me dit :

— *Tu as vaincu, et je succombe. Mais dorénavant tu es mort aussi, mort au monde, au ciel et à l'espérance ! En moi tu existais, et vois dans ma mort, vois par cette image qui est la tienne,* 855 *comme tu t'es radicalement assassiné toi-même !*

Edgar Allan POE, Contes – Essais – Poèmes, Coll. «Bouquins»,
© Robert Laffont, 1989.

Questions

Repérer et analyser

Première lecture

1 **a.** Quelles sont vos impressions de lecture ? Justifiez votre réponse.

b. À l'oral et en petits groupes, reformulez l'histoire que vous avez lue en quelques phrases et dites si elle relève a priori de la représen-tation que vous vous faites du genre fantastique. Mettez ensuite en commun vos réponses et confrontez vos premières interprétations.

Le narrateur et le pacte de vérité

Identifier le statut du narrateur, c'est identifier qui raconte l'histoire et c'est dire s'il est ou non personnage de l'histoire qu'il raconte. Le récit peut être mené à la première ou à la troisième personne.

Le point de vue interne est lié au récit à la première personne : il permet au lecteur de voir, entendre, comprendre ce que le personnage voit, entend ou comprend. Il facilite l'identification du lecteur qui peut partager les angoisses et les interrogations du narrateur-personnage.

Dans le récit fantastique, la première personne est un moyen efficace pour gagner l'adhésion du lecteur et déjouer sa méfiance dans la mesure où le narrateur-personnage se porte garant des faits qu'il rapporte.

2 **a.** Identifiez le statut du narrateur. Le narrateur est-il le personnage principal ou un simple témoin ?

b. Selon quel point de vue le récit est-il mené ? En quoi ce point de vue apporte-t-il une garantie d'authenticité ? Justifiez votre réponse.

3 **a.** Quel est le nom du narrateur ? Porte-t-il son vrai nom ?

b. À quel moment de sa vie le narrateur se trouve-t-il au début du récit ?

4 Relevez les temps verbaux qui renvoient au moment de l'écriture et ceux qui renvoient aux moments passés tout au long du récit.

5 « Je voudrais leur persuader que j'ai été en quelque sorte l'escla-ve de circonstances... » (l. 26 à 28).

a. À qui le narrateur s'adresse-t-il ? Justifiez votre réponse.

b. Dans quel but rapporte-t-il l'histoire de sa vie ? Citez le texte.

Le cadre spatio-temporel

Un récit fantastique commence en général par la mise en place d'un cadre réaliste destiné à produire un « effet de réel », c'est-à-dire à permettre au lecteur de croire à la réalité de ce qu'on lui raconte.

6 **a.** Dans quel lieu principal l'action se déroule-t-elle jusqu'à la ligne 461 (« pour n'y jamais revenir »). Relevez des termes qui caractérisent ce lieu. En quoi est-il réaliste ?
b. Dans quels lieux successifs l'action se déroule-t-elle ensuite ?
7 À quelle époque l'histoire se situe-t-elle ? Justifiez votre réponse.

L'ordre et le rythme du récit

Dans un récit fantastique, la narration peut suivre l'ordre chronologique mais cet ordre peut être bouleversé : le narrateur peut procéder alors à des retours en arrière en relatant après coup des événements antérieurs pour mieux en faire comprendre l'enchaînement implacable.

8 À partir de quelle ligne y a-t-il retour en arrière ? Relevez les indices qui vous permettent de répondre (temps verbaux et indicateurs de temps).
9 **a.** Sur quelle durée l'histoire racontée se déroule-t-elle approximativement ?
b. À quelle époque de la vie du narrateur la première partie de l'histoire (jusqu'à la ligne 461) est-elle consacrée ?
c. À partir de la ligne 462, en quoi y a-t-il accélération dans le rythme de l'histoire (examinez le rapport entre le nombre de pages et le nombre d'années et d'événements) ? Quel est l'effet produit ?

Les personnages

Le narrateur
10 Dans quel état d'esprit le narrateur se trouve-t-il ? Pour répondre, identifiez le champ lexical dominant dans le premier paragraphe et précisez le type de phrase utilisé.
11 **a.** Relisez les passages lignes 39 à 55 et 197 à 201 : dressez le portrait que le narrateur fait de lui-même.
b. Quels sont ses principaux défauts ? En quoi son éducation a-t-elle été défaillante ?

c. À quels excès se livre-t-il tout au long de sa vie ? Précisez votre réponse. Montrez que ses excès vont en progressant.

La relation entre le narrateur et les personnages

12 a. Quelle relation le narrateur entretient-il avec ses camarades au collège ? Illustrez votre réponse d'exemples précis tirés du texte.

b. De quelle façon ses traits de caractère se renforcent-ils dans la suite de l'histoire ?

c. Dans quelle situation cherche-t-il notamment à réduire Glendinning (l. 570 à l. 590) ?

13 a. Relisez le passage lignes 201 à 293. Quels sont les points communs entre le narrateur et son homonyme ? Qu'est-ce qui les oppose ? Par quelle particularité physique son homonyme se distingue-t-il ?

b. Caractérisez la relation que le narrateur entretient avec lui. Citez le texte. En quoi cette relation est-elle ambiguë ?

c. Le narrateur est-il le seul à percevoir la ressemblance entre ce personnage et lui-même ? Pour quelle raison, selon vous ?

Les manifestations du surnaturel

Le récit fantastique obéit généralement à un schéma spécifique : le personnage-héros, poussé par l'ambition ou simplement le désir, commet un acte interdit, ou transgresse (outrepasse) les limites imposées à la nature humaine. Un signe, d'ordinaire, l'avertit du danger. La fin du récit fantastique correspond à la condamnation ou même parfois à la malédiction du personnage qui n'a pas pris en compte ces signes d'avertissement.

14 « Cette intervention prenait souvent le caractère déplaisant d'un avis [...] amer » (l. 364 à 378) : quel rôle l'homonyme de Wilson exerce-t-il auprès de celui-ci ? En quoi donne-t-il des « avertissements » ?

15 a. Dans quel lieu et à quel moment de la journée le narrateur prend-il réellement conscience pour la première fois de l'existence de son double ? En quoi le lieu favorise-t-il l'intrusion du surnaturel ?

b. Combien de fois le double se manifeste-t-il tout au long du récit ? Relevez les termes utilisés pour le désigner. Notez à chaque fois le moment, l'éclairage de la scène, les particularités vestimentaires. Voit-on le visage du personnage ? Pourquoi, selon vous ?

c. En quoi peut-on dire que le double apparaît au moment où le narrateur transgresse des interdits ? Quels sont les interdits transgressés ? De quoi le narrateur se rend-il coupable ? Citez précisément le texte.

Les réactions du narrateur

Dans un récit fantastique, le personnage doute de la réalité des phénomènes qu'il perçoit : il cherche néanmoins à les décrire.

Les éléments qui indiquent le degré de certitude du narrateur par rapport à son énoncé s'appellent « des modalisateurs ». Ces modalisateurs concernent des verbes comme sembler, paraître, apparaître, et l'emploi du conditionnel qui invite à penser que ce qui est vu est incertain. La modalité interrogative indique aussi que le réel soulève des interrogations.

16 **a.** « Et un engourdissement [...] imitation sarcastique ? » (l. 435 à l. 458) : quels sont les modalisateurs ainsi que la typographie et le lexique qui montrent le trouble du narrateur ?

b. Quelle explication le narrateur tente-t-il de donner à l'apparition de ce double (l. 468 à 472) ?

17 **a.** Montrez en citant le texte que son sentiment de peur va se renforcer à chaque fois qu'il va voir son double.

b. « Je sentis toutes les horreurs du damné » (l. 666) : à quel champ lexical le mot « damné » appartient-il ? Que révèle-t-il de la situation du narrateur ? Trouvez d'autres expressions qui confirment votre réponse.

La chute

La chute correspond à la fin d'une nouvelle ou d'un récit. Dans la situation finale, le narrateur cherche souvent à créer un effet intense ou dramatique. Il peut aussi surprendre le lecteur en introduisant un événement inattendu.

18 Dans quel lieu et à quelle occasion la scène finale (l. 782 à la fin) a-t-elle précisément lieu ? Dans quel but le narrateur se trouve-t-il dans ce lieu ?

19 **a.** Reformulez la fin du récit. Quel acte le narrateur décide-t-il de commettre à l'encontre de son double ?

b. Quel retournement de situation se produit-il ? Quel est le rôle du

miroir ?

La visée

La double interprétation
À la fin d'un récit fantastique, le lecteur comme le personnage sont dans l'incapacité de choisir entre une explication surnaturelle et une explication rationnelle des faits, d'autant que le surnaturel laisse parfois des traces visibles de son passage. Ce principe d'hésitation crée un espace de doute et d'interrogation et permet à l'homme de réfléchir sur lui-même et sur son rapport au monde.

20 **a.** En quoi la scène finale peut-elle paraître tout à fait irréelle ?
b. Quelle explication rationnelle le narrateur (et le lecteur) peut-il néanmoins avancer ? Pour répondre, relisez la fin du deuxième paragraphe de la nouvelle.
21 **a.** Repérez les pronoms personnels utilisés de la ligne 845 à la fin. Quel rapport le lecteur peut-il établir entre les pronoms de troisième et deuxième personne et ceux de première personne ?
b. Que représente le double de William Wilson ? Pour répondre, appuyez-vous sur la phrase citée en exergue (placée avant le texte).
22 En quoi cette nouvelle a-t-elle une visée morale ?

Lire et écrire une suite

Extrait du *Horla*, Maupassant

« 6 août. – Cette fois, je ne suis pas fou. J'ai vu… j'ai vu… j'ai vu !… Je ne puis plus douter… j'ai vu !… J'ai encore froid jusque dans les ongles… j'ai encore peur jusque dans les moelles… j'ai vu !…

Je me promenais à deux heures, en plein soleil, dans mon parterre de rosiers… dans l'allée des rosiers d'automne qui commencent à fleurir.

Comme je m'arrêtais à regarder un *géant des batailles*, qui portait trois fleurs magnifiques, je vis distinctement, tout près de moi, la tige d'une de ces roses se plier, comme si une main invisible l'avait tordue, puis se casser, comme si cette main l'eût cueillie ! Puis la fleur s'éleva, suivant une courbe qu'aurait décrite un bras en la portant vers une bouche, et elle resta suspendue dans l'air transparent, toute seule, immobile, effrayante tache rouge, à trois pas de mes yeux.

Éperdu, je me jetai sur elle pour la saisir ! Je ne trouvai rien ; elle avait disparu. Alors je fus pris d'une colère furieuse contre moi-même ; car il n'est pas permis à un homme raisonnable et sérieux d'avoir de pareilles hallucinations.

Mais était-ce bien une hallucination ? Je me retournai pour chercher la tige, et je la retrouvai immédiatement sur l'arbuste, fraîchement brisée, entre les deux autres roses demeurées à la branche. Alors, je rentrai chez moi l'âme bouleversée, car je suis certain, maintenant, certain comme de l'alternance des jours et des nuits, qu'il existe près de moi un être invisible, qui se nourrit de lait et d'eau, qui peut toucher aux choses, les prendre et les changer de place, doué par conséquent d'une nature matérielle, bien qu'imperceptible pour nos sens, et qui habite comme moi, sous mon toit... »

Guy de Maupassant, extrait du *Horla*, 1887.

23 Comparez le texte de *William Wilson* avec cet extrait du *Horla*. Quels sont les points communs et les différences ?

24 Écrivez une autre page du journal intime tenu par le narrateur : choisissez une date et faites évoluer l'action.

Théophile Gautier

Le Pied de momie (1840)

J'étais entré par désœuvrement chez un de ces marchands de curiosités dits marchands de bric-à-brac dans l'argot parisien, si parfaitement inintelligible pour le reste de la France.

Vous avez sans doute jeté l'œil, à travers le carreau, dans
5 quelques-unes de ces boutiques devenues si nombreuses depuis qu'il est de mode d'acheter des meubles anciens, et que le moindre agent de change se croit obligé d'avoir sa *chambre Moyen Âge*.

C'est quelque chose qui tient à la fois de la boutique du ferrailleur, du magasin du tapissier, du laboratoire de l'al-
10 chimiste et de l'atelier du peintre ; dans ces antres mystérieux où les volets filtrent un prudent demi-jour, ce qu'il y a de plus notoirement ancien, c'est la poussière ; les toiles d'araignées y sont plus authentiques que les guipures, et le vieux poirier y est plus jeune que l'acajou arrivé hier d'Amérique.

15 Le magasin de mon marchand de bric-à-brac était un véritable Capharnaüm[1] ; tous les siècles et tous les pays semblaient s'y être donné rendez-vous ; une lampe étrusque de terre rouge posait sur une armoire de Boule, aux panneaux d'ébène sévèrement rayés de filaments de cuivre ; une duchesse du temps
20 de Louis XV allongeait nonchalamment ses pieds de biche sous une épaisse table du règne de Louis XIII, aux lourdes spirales de bois de chêne, aux sculptures entremêlées de feuillages et de chimères.

Une armure damasquinée de Milan faisait miroiter dans un
25 coin le ventre rubané de sa cuirasse ; des amours et des nymphes de biscuit, des magots de la Chine, des cornets

---

1. Cette description du magasin d'antiquités ressemble dans son raccourci à celle de *La Peau de chagrin* par la juxtaposition d'objets hétéroclites de diverses époques et civilisations.

de céladon et de craquelé, des tasses de Saxe et de vieux Sèvres encombraient les étagères et les encoignures.

Sur les tablettes denticulées des dressoirs, rayonnaient d'im-
30 menses plats du Japon, aux dessins rouges et bleus, relevés de hachures d'or, côte à côte avec des émaux de Bernard Palissy, représentant des couleuvres, des grenouilles et des lézards en relief.

Des armoires éventrées s'échappaient des cascades de lampas glacé d'argent, des flots de brocatelle criblée de grains lumi-
35 neux par un oblique rayon de soleil ; des portraits de toutes les époques souriaient à travers leurs vernis jaune dans des cadres plus ou moins fanés.

Le marchand me suivait avec précaution dans le tortueux passage pratiqué entre les piles de meubles, abattant de la main
40 l'essor hasardeux des basques de mon habit, surveillant mes coudes avec l'attention inquiète de l'antiquaire et de l'usurier.

C'était une singulière figure que celle du marchand : un crâne immense, poli comme un genou, entouré d'une maigre auréole de cheveux blancs que faisait ressortir plus vivement le ton
45 saumon-clair de la peau, lui donnait un faux air de bonhomie patriarcale, corrigée, du reste, par le scintillement de deux petits yeux jaunes qui tremblotaient dans leur orbite comme deux louis d'or sur du vif-argent. La courbure du nez avait une silhouette aquiline qui rappelait le type oriental ou juif. Ses mains,
50 maigres, fluettes, veinées, pleines de nerfs en saillie comme les cordes d'un manche à violon, onglées de griffes semblables à celles qui terminent les ailes membraneuses des chauves-souris, avaient un mouvement d'oscillation sénile, inquiétant à voir ; mais ces mains agitées de tics fiévreux devenaient plus fermes
55 que des tenailles d'acier ou des pinces de homard dès qu'elles soulevaient quelque objet précieux, une coupe d'onyx, un verre de Venise ou un plateau de cristal de Bohême ; ce vieux drôle avait un air si profondément rabbinique et cabalistique qu'on l'eût brûlé sur la mine, il y a trois siècles.

60   « Ne m'achèterez-vous rien aujourd'hui, monsieur ? Voilà un kriss malais dont la lame ondule comme une flamme ; regardez ces rainures pour égoutter le sang, ces dentelures pratiquées en sens inverse pour arracher les entrailles en retirant le poignard ; c'est une arme féroce, d'un beau caractère
65   et qui ferait très bien dans votre trophée ; cette épée à deux mains est très belle, elle est de Josepe de la Hera, et cette cauchelimarde[2] à coquille fenestrée, quel superbe travail !

— Non, j'ai assez d'armes et d'instruments de carnage ; je voudrais une figurine, un objet quelconque qui pût me servir
70   de serre-papier, car je ne puis souffrir tous ces bronzes de pacotille que vendent les papetiers, et qu'on retrouve invariablement sur tous les bureaux. »

Le vieux gnome, furetant dans ses vieilleries, étala devant moi des bronzes antiques ou soi-disant tels, des morceaux
75   de malachite, de petites idoles indoues ou chinoises, espèce de poussahs de jade, incarnation de Brahma ou de Wishnou merveilleusement propre à cet usage, assez peu divin, de tenir en place des journaux et des lettres.

J'hésitais entre un dragon de porcelaine tout constellé de
80   verrues, la gueule ornée de crocs et de barbelures, et un petit fétiche mexicain fort abominable, représentant au naturel le dieu Witziliputzili[3], quand j'aperçus un pied charmant que je pris d'abord pour un fragment de Vénus antique.

Il avait ces belles teintes fauves et rousses qui donnent au
85   bronze florentin cet aspect chaud et vivace, si préférable au ton vert-de-grisé des bronzes ordinaires qu'on prendrait volontiers pour des statues en putréfaction : des luisants satinés frissonnaient sur ses formes rondes et polies par les baisers amoureux de vingt siècles ; car ce devait être un airain de Corinthe,

---

2. *Cauchelimarde* ne figure dans aucun dictionnaire, mais désigne, selon le contexte, une épée munie d'une garde.

3. Dieu de la guerre et de la divination chez les Aztèques, dieu sanguinaire auquel on immolait des victimes.

90 un ouvrage du meilleur temps, peut-être une fonte de Lysippe[4] !

« Ce pied fera mon affaire », dis-je au marchand, qui me regarda d'un air ironique et sournois en me tendant l'objet demandé pour que je pusse l'examiner plus à mon aise.

Je fus surpris de sa légèreté ; ce n'était pas un pied de métal,
95 mais bien un pied de chair, un pied embaumé, un pied de momie : en regardant de près, l'on pouvait distinguer le grain de la peau et la gaufrure presque imperceptible imprimée par la trame des bandelettes. Les doigts étaient fins, délicats, terminés par des ongles parfaits, purs et transparents comme
100 des agathes ; le pouce, un peu séparé, contrariait heureusement le plan des autres doigts à la manière antique, et lui donnait une attitude dégagée, une sveltesse de pied d'oiseau ; la plante, à peine rayée de quelques hachures invisibles, montrait qu'elle n'avait jamais touché la terre, et ne s'était
105 trouvée en contact qu'avec les plus fines nattes de roseaux du Nil et les plus moelleux tapis de peaux de panthères.

« Ha ! ha ! vous voulez le pied de la princesse Hermonthis[5], dit le marchand avec un ricanement étrange, en fixant sur moi ses yeux de hibou : ha ! ha ! ha ! pour un serre-papier ! idée
110 originale, idée d'artiste ; qui aurait dit au vieux Pharaon que le pied de sa fille adorée servirait de serre-papier l'aurait bien surpris, lorsqu'il faisait creuser une montagne de granit pour y mettre le triple cercueil peint et doré, tout couvert d'hiéroglyphes avec de belles peintures du jugement des âmes,
115 ajouta à demi-voix et comme se parlant à lui-même le petit marchand singulier.

— Combien me vendrez-vous ce fragment de momie ?

— Ah ! le plus cher que je pourrai, car c'est un morceau

---

4. Sculpteur grec du IXe siècle avant J.-C., né à Sicyone, près de Corinthe.

5. *Hermonthis* est à vrai dire le nom d'une ville de l'ancienne Égypte, consacrée au culte du dieu Mentou, près de Thèbes, sur la rive gauche du Nil (aujourd'hui Erment – voir *Une nuit de Cléopâtre*).

superbe ; si j'avais le pendant, vous ne l'auriez pas à moins de
120 cinq cents francs : la fille d'un Pharaon, rien n'est plus rare.

— Assurément cela n'est pas commun ; mais enfin combien
en voulez-vous ? D'abord je vous avertis d'une chose, c'est
que je ne possède pour trésor que cinq louis ; — j'achèterai
tout ce qui coûtera cinq louis, mais rien de plus.

125   « Vous scruteriez les arrière-poches de mes gilets, et mes
tiroirs les plus intimes, que vous n'y trouveriez pas seulement
un misérable tigre à cinq griffes.

— Cinq louis le pied de la princesse Hermonthis, c'est bien
peu, très peu en vérité, un pied authentique, dit le marchand
130 en hochant la tête et en imprimant à ses prunelles un mouvement rotatoire.

« Allons, prenez-le, et je vous donne l'enveloppe par-dessus
le marché, ajouta-t-il en le roulant dans un vieux lambeau
de damas ; très beau, damas véritable, damas des Indes, qui
135 n'a jamais été reteint ; c'est fort, c'est moelleux », marmot-
tait-il en promenant ses doigts sur le tissu éraillé par un reste
d'habitude commerciale qui lui faisait vanter un objet de si
peu de valeur qu'il le jugeait lui-même digne d'être donné.

Il coula les pièces d'or dans une espèce d'aumônière du
140 Moyen Âge pendant à sa ceinture, en répétant :

« Le pied de la princesse Hermonthis servir de serre-papier ! »

Puis, arrêtant sur moi ses prunelles phosphoriques, il me
dit avec une voix stridente comme le miaulement d'un chat
qui vient d'avaler une arête :

145   « Le vieux Pharaon ne sera pas content, il aimait sa fille,
ce cher homme.

— Vous en parlez comme si vous étiez son contemporain ;
quoique vieux, vous ne remontez cependant pas aux pyramides d'Égypte », lui répondis-je en riant du seuil de la
150 boutique.

Je rentrai chez moi fort content de mon acquisition.

Pour la mettre tout de suite à profit, je posai le pied de la divine princesse Hermonthis sur une liasse de papier, ébauche de vers, mosaïque indéchiffrable de ratures : articles
155 commencés, lettres oubliées et mises à la poste dans le tiroir, erreur qui arrive souvent aux gens distraits ; l'effet était charmant, bizarre et romantique.

Élément de sarcophage : semelle de momie.
Antiquités égyptiennes, 1er millénaire avant J.-C., Paris, musée du Louvre.

Très satisfait de cet embellissement, je descendis dans la rue, et j'allai me promener avec la gravité convenable et la fierté
160 d'un homme qui a sur tous les passants qu'il coudoie l'avantage ineffable de posséder un morceau de la princesse Hermonthis, fille de Pharaon.

Je trouvai souverainement ridicules tous ceux qui ne possédaient pas, comme moi, un serre-papier aussi notoirement
165 égyptien ; et la vraie occupation d'un homme sensé me paraissait d'avoir un pied de momie sur son bureau.

Heureusement la rencontre de quelques amis vint me distraire de mon engouement de récent acquéreur ; je m'en allai dîner avec eux, car il m'eût été difficile de dîner avec moi.

170 Quand je revins le soir, le cerveau marbré de quelques veines de gris de perle, une vague bouffée de parfum oriental me chatouilla délicatement l'appareil olfactif ; la chaleur de la chambre avait attiédi le natrum, le bitume et la myrrhe dans lesquels les *paraschites*[6] inciseurs de cadavres avaient baigné le
175 corps de la princesse ; c'était un parfum doux quoique pénétrant, un parfum que quatre mille ans n'avaient pu faire évaporer.

Le rêve de l'Égypte était l'éternité[7] : ses odeurs ont la solidité du granit, et durent autant.

Je bus bientôt à pleines gorgées dans la coupe noire du
180 sommeil ; pendant une heure ou deux tout resta opaque, l'oubli et le néant m'inondaient de leurs vagues sombres.

Cependant mon obscurité intellectuelle s'éclaira, les songes commencèrent à m'effleurer de leur vol silencieux.

Les yeux de mon âme s'ouvrirent, et je vis ma chambre telle
185 qu'elle était effectivement : j'aurais pu me croire éveillé, mais une vague perception me disait que je dormais et qu'il allait se passer quelque chose de bizarre.

L'odeur de la myrrhe avait augmenté d'intensité, et je sentais un léger mal de tête que j'attribuais fort raisonnablement à
190 quelques verres de vin de Champagne que nous avions bus aux dieux inconnus et à nos succès futurs.

Je regardais dans ma chambre avec un sentiment d'attente que rien ne justifiait ; les meubles étaient parfaitement en place, la lampe brûlait sur la console, doucement estampée par la
195 blancheur laiteuse de son globe de cristal dépoli ; les aquarelles miroitaient sous leur verre de Bohême ; les rideaux pendaient languissamment : tout avait l'air endormi et tranquille.

6. *Les paraschites,* ou parachistes, sont les prêtres qui pratiquaient, pendant le Nouvel Empire, la momification, en retirant du cadavre les viscères, sauf le cœur, afin de les plonger dans un bain de vin aromatisé.

7. Gautier définit de manière constante la religion et la civilisation égyptienne par la préoccupation de l'éternité.

Cependant, au bout de quelques instants, cet intérieur si
calme parut se troubler, les boiseries craquaient furtivement ;
200 la bûche enfouie sous la cendre lançait tout à coup un jet de
gaz bleu, et les disques des patères semblaient des yeux de
métal attentifs comme moi aux choses qui allaient se passer.

Ma vue se porta par hasard vers la table sur laquelle j'avais
posé le pied de la princesse Hermonthis.

205 Au lieu d'être immobile comme il convient à un pied
embaumé depuis quatre mille ans, il s'agitait, se contractait
et sautillait sur les papiers comme une grenouille effarée : on
l'aurait cru en contact avec une pile voltaïque ; j'entendais
fort distinctement le bruit sec que produisait son petit talon,
210 dur comme un sabot de gazelle.

J'étais assez mécontent de mon acquisition, aimant les serre-
papiers sédentaires et trouvant peu naturel de voir les pieds
se promener sans jambes, et je commençais à éprouver quelque
chose qui ressemblait fort à de la frayeur.

215 Tout à coup je vis remuer le pli d'un de mes rideaux, et j'entendis un piétinement comme d'une personne qui sauterait à
cloche-pied. Je dois avouer que j'eus chaud et froid alterna-
tivement ; que je sentis un vent inconnu me souffler dans le
dos, et que mes cheveux firent sauter, en se redressant, ma
220 coiffure de nuit à deux ou trois pas.

Les rideaux s'entrouvrirent, et je vis s'avancer la figure la
plus étrange qu'on puisse imaginer.

C'était une jeune fille, café au lait très foncé, comme la bayadère Amani[8], d'une beauté parfaite et rappelant le type égyp-
225 tien le plus pur ; elle avait des yeux taillés en amande avec des
coins relevés et des sourcils tellement noirs qu'ils paraissaient
bleus, son nez était d'une coupe délicate, presque grecque
pour la finesse, et l'on aurait pu la prendre pour une statue

8. La bayadère Amani, « danseuse
prêtresse ».

de bronze de Corinthe, si la proéminence des pommettes et
230 l'épanouissement un peu africain de la bouche n'eussent fait
reconnaître, à n'en pas douter, la race hiéroglyphique des
bords du Nil.

Ses bras minces et tournés en fuseau, comme ceux des très
jeunes filles, étaient cerclés d'espèces d'emprises de métal et
235 de tours de verroterie ; ses cheveux étaient nattés en corde-
lettes, et sur sa poitrine pendait une idole en pâte verte que
son fouet à sept branches faisait reconnaître pour l'Isis,
conductrice des âmes ; une plaque d'or scintillait à son front,
et quelques traces de fard perçaient sous les teintes de cuivre
240 de ses joues.

Quant à son costume il était très étrange.

Figurez-vous un pagne de bandelettes chamarrées d'hiéroglyphes noirs et rouges, empesés de bitume et qui semblaient
appartenir à une momie fraîchement démaillotée.
245 Par un de ces sauts de pensée si fréquents dans les rêves,
j'entendis la voix fausse et enrouée du marchand de bric-à-
brac, qui répétait, comme un refrain monotone, la phrase
qu'il avait dite dans sa boutique avec une intonation si énig-
matique :
250 « Le vieux Pharaon ne sera pas content ; il aimait beaucoup
sa fille, ce cher homme. »

Particularité étrange et qui ne me rassura guère, l'apparition n'avait qu'un seul pied, l'autre jambe était rompue à la
cheville.
255 Elle se dirigea vers la table où le pied de momie s'agitait et
frétillait avec un redoublement de vitesse. Arrivée là, elle s'appuya sur le rebord, et je vis une larme germer et perler dans
ses yeux.

Quoiqu'elle ne parlât pas, je discernais clairement sa pensée :
260 elle regardait le pied, car c'était bien le sien, avec une expression de tristesse coquette d'une grâce infinie ; mais le pied

sautait et courait çà et là comme s'il eût été poussé par des ressorts d'acier.

Deux ou trois fois elle étendit sa main pour le saisir, mais
265 elle n'y réussit pas.

Alors il s'établit entre la princesse Hermonthis et son pied, qui paraissait doué d'une vie à part, un dialogue très bizarre dans un cophte très ancien, tel qu'on pouvait le parler, il y a une trentaine de siècles, dans les syringes du pays de Ser[9].
270 Heureusement que cette nuit-là je savais le cophte en perfection.

La princesse Hermonthis disait d'un ton de voix doux et vibrant comme une clochette de cristal :

« Eh bien ! mon cher petit pied, vous me fuyez toujours, j'avais pourtant bien soin de vous. Je vous baignais d'eau
275 parfumée, dans un bassin d'albâtre ; je polissais votre talon avec la pierre-ponce trempée d'huile de palmes, vos ongles étaient coupés avec des pinces d'or et polis avec de la dent d'hippopotame, j'avais soin de choisir pour vous des thabebs[10] brodés et peints à pointes recourbées, qui faisaient l'envie de
280 toutes les jeunes filles de l'Égypte ; vous aviez à votre orteil des bagues représentant le scarabée sacré, et vous portiez un des corps les plus légers que puisse souhaiter un pied paresseux. »

Le pied répondit d'un ton boudeur et chagrin :

« Vous savez bien que je ne m'appartiens plus, j'ai été acheté
285 et payé ; le vieux marchand savait bien ce qu'il faisait, il vous en veut toujours d'avoir refusé de l'épouser : c'est un tour qu'il vous a joué.

« L'Arabe qui a forcé votre cercueil royal dans le puits souterrain de la nécropole de Thèbes était envoyé par lui, il voulait
290 vous empêcher d'aller à la réunion des peuples ténébreux, dans les cités inférieures. Avez-vous cinq pièces d'or pour me racheter ?

---

9. Ville d'Arabie, chef-lieu d'un ancien et petit État qui portait son nom.

10. Chaussures de liège richement ornementées.

— Hélas ! non. Mes pierreries, mes anneaux, mes bourses d'or et d'argent, tout m'a été volé, répondit la princesse
295 Hermonthis avec un soupir.

— Princesse, m'écriai-je alors, je n'ai jamais retenu injustement le pied de personne : bien que vous n'ayez pas les cinq louis qu'il m'a coûtés, je vous le rends de bonne grâce ; je serais désespéré de rendre boiteuse une aussi aimable
300 personne que la princesse Hermonthis. »

Je débitai ce discours d'un ton régence et troubadour qui dut surprendre la belle Égyptienne.

Elle tourna vers moi un regard chargé de reconnaissance, et ses yeux s'illuminèrent de lueurs bleuâtres.

305 Elle prit son pied, qui, cette fois, se laissa faire, comme une femme qui va mettre son brodequin, et l'ajusta à sa jambe avec beaucoup d'adresse.

Cette opération terminée, elle fit deux ou trois pas dans la chambre, comme pour s'assurer qu'elle n'était réellement plus
310 boiteuse.

« Ah ! comme mon père va être content, lui qui était si désolé de ma mutilation, et qui avait, dès le jour de ma naissance, mis un peuple tout entier à l'ouvrage pour me creuser un tombeau si profond qu'il pût me conserver intacte jusqu'au
315 jour suprême où les âmes doivent être pesées dans les balances de l'Amenthi [11].

« Venez avec moi chez mon père, il vous recevra bien, vous m'avez rendu mon pied. »

Je trouvai cette proposition toute naturelle ; j'endossai une
320 robe de chambre à grands ramages, qui me donnait un air très pharaonesque ; je chaussai à la hâte des babouches turques, et je dis à la princesse Hermonthis que j'étais prêt à la suivre.

---

11. *L'Amenthi,* ou Amenti, désigne la région cachée ou l'Occident, c'est-à-dire le séjour où les âmes se rendent après la mort, afin d'être jugées.

Hermonthis, avant de partir, détacha de son col la petite
325 figurine de pâte verte et la posa sur les feuilles éparses qui
couvraient la table.

« Il est bien juste, dit-elle en souriant, que je remplace votre
serre-papier. »

Elle me tendit sa main, qui était douce et froide comme une
330 peau de couleuvre, et nous partîmes.

Nous filâmes pendant quelque temps avec la rapidité de la
flèche dans un milieu fluide et grisâtre, où des silhouettes à
peine ébauchées passaient à droite et à gauche.

Un instant, nous ne vîmes que l'eau et le ciel.

335 Quelques minutes après, des obélisques commencèrent à
pointer, des pylônes, des rampes côtoyées de sphinx se dessi-
nèrent à l'horizon.

Nous étions arrivés.

La princesse me conduisit devant une montagne de granit
340 rose, où se trouvait une ouverture étroite et basse qu'il eût été
difficile de distinguer des fissures de la pierre si deux stèles
bariolées de sculptures ne l'eussent fait reconnaître.

Hermonthis alluma une torche et se mit à marcher devant moi.

C'étaient des corridors taillés dans le roc vif ; les murs,
345 couverts de panneaux d'hiéroglyphes et de processions allé-
goriques, avaient dû occuper des milliers de bras pendant des
milliers d'années ; ces corridors, d'une longueur interminable,
aboutissaient à des chambres carrées, au milieu desquelles
étaient pratiqués des puits, où nous descendions au moyen
350 de crampons ou d'escaliers en spirale ; ces puits nous conduisaient dans d'autres chambres, d'où partaient d'autres corridors également bigarrés d'éperviers, de serpents roulés en cercle,
de tau, de pedum, de bari mystique[12], prodigieux travail que nul

---

12. Le *tau* est l'instrument sacré en forme de *tau* grec que certaines divinités égyptiennes portaient à la main. Le *pedum* est le sceptre attribué à la plupart des dieux. Quant au *bari* mystique, il correspond à l'embarcation qui transporte l'âme des défunts vers l'Amenthi pour y subir le pesage.

œil vivant ne devait voir, interminables légendes de granit que
355 les morts avaient seuls le temps de lire pendant l'éternité.

Enfin, nous débouchâmes dans une salle si vaste, si énorme,
si démesurée, que l'on ne pouvait en apercevoir les bornes ; à
perte de vue s'étendaient des files de colonnes monstrueuses
entre lesquelles tremblotaient de livides étoiles de lumière jaune :
360 ces points brillants révélaient des profondeurs incalculables.

La princesse Hermonthis me tenait toujours par la main et
saluait gracieusement les momies de sa connaissance.

Mes yeux s'accoutumaient à ce demi-jour crépusculaire,
et commençait à discerner les objets.

365 Je vis, assis sur des trônes, les rois des races souterraines :
c'étaient de grands vieillards secs, ridés, parcheminés, noirs
de naphte et de bitume, coiffés de pschents d'or, bardés de
pectoraux et de hausse-cols, constellés de pierreries avec des
yeux d'une fixité de sphinx et de longues barbes blanchies par
370 la neige des siècles : derrière eux, leurs peuples embaumés se
tenaient debout dans les poses roides et contraintes de l'art
égyptien, gardant éternellement l'attitude prescrite par le
codex hiératique ; derrière les peuples miaulaient, battaient
de l'aile et ricanaient les chats, les ibis et les crocodiles contem-
375 porains, rendus plus monstrueux encore par leur emmaillo-
tage de bandelettes.

Tous les Pharaons étaient là, Chéops, Chephrenès,
Psammetichus, Sésostris, Amenoteph ; tous les noirs domi-
nateurs des pyramides et des syringes ; sur une estrade plus
380 élevée siégeaient le roi Chronos et Xixouthros, qui fut contemporain du déluge, et Tubal Caïn[13], qui le précéda.

La barbe du roi Xixouthros avait tellement poussé qu'elle
avait déjà fait sept fois le tour de la table de granit sur laquelle
il s'appuyait tout rêveur et tout somnolent.

---

13. Personnage biblique.

385   Plus loin, dans une vapeur poussiéreuse, à travers le brouillard des éternités, je distinguais vaguement les soixante-douze rois préadamites avec leurs soixante-douze peuples à jamais disparus[14].

    Après m'avoir laissé quelques minutes pour jouir de ce
390 spectacle vertigineux, la princesse Hermonthis me présenta au Pharaon son père, qui me fit un signe de tête fort majestueux.

    « J'ai retrouvé mon pied ! j'ai retrouvé mon pied ! criait la princesse en frappant ses petites mains l'une contre l'autre
395 avec tous les signes d'une joie folle, c'est monsieur qui me l'a rendu. »

    Les races de Kémé, les races de Nahasi[15], toutes les nations noires, bronzées, cuivrées, répétaient en chœur :

    « La princesse Hermonthis a retrouvé son pied. »
400   Xixouthros lui-même s'en émut :

    Il souleva sa paupière appesantie, passa ses doigts dans sa moustache, et laissa tomber sur moi son regard chargé de siècles.

    « Par Oms, chien des enfers, et par Tmeï, fille du Soleil et
405 de la Vérité, voilà un brave et digne garçon, dit le Pharaon en étendant vers moi son sceptre terminé par une fleur de lotus.

    « Que veux-tu pour ta récompense ? »

    Fort de cette audace que donnent les rêves, où rien ne paraît impossible, je lui demandai la main d'Hermonthis : la main
410 pour le pied me paraissait une récompense antithétique d'assez bon goût.

    Le Pharaon ouvrit tout grands ses yeux de verre, surpris de ma plaisanterie et de ma demande.

    « De quel pays es-tu et quel est ton âge ?

---

14. Nom des peuples antérieurs à la création d'Adam.
15. Races noires du Haut-Nil, qui fournissaient des esclaves à l'ancienne Égypte.

415 « — Je suis français, et j'ai vingt-sept ans, vénérable Pharaon.

« — Vingt-sept ans ! et il veut épouser la princesse Hermonthis, qui a trente siècle ! » s'écrièrent à la fois tous les trônes et tous les cercles des nations.

Hermonthis seule ne parut pas trouver la requête incon-
420 venante.

« Si tu avais seulement deux mille ans, reprit le vieux roi, je t'accorderais bien volontiers la princesse, mais la dispro-portion est trop forte, et puis il faut à nos filles des maris qui durent, vous ne savez plus vous conserver : les derniers qu'on
425 a apportés il y a quinze siècles à peine, ne sont plus qu'une pincée de cendre ; regarde, ma chair est dure comme du basalte, mes os sont des barres d'acier.

« J'assisterai au dernier jour du monde avec le corps et la figure que j'avais de mon vivant ; ma fille Hermonthis durera
430 plus qu'une statue de bronze.

« Alors le vent aura dispersé le dernier grain de ta poussière, et Isis elle-même, qui sut retrouver les morceaux d'Osiris, serait embarrassée de recomposer ton être.

« Regarde comme je suis vigoureux encore et comme mes
435 bras tiennent bien », dit-il en me secouant la main à l'anglaise, de manière à me couper les doigts avec mes bagues.

Il me serra si fort que je m'éveillai, et j'aperçus mon ami Alfred qui me tirait par le bras et me secouait pour me faire lever.

440 « Ah çà ! enragé dormeur, faudra-t-il te faire porter au milieu de la rue et te tirer un feu d'artifice aux oreilles ?

« Il est plus de midi, tu ne te rappelles donc pas que tu m'avait promis de venir me prendre pour aller voir les tableaux espagnols de M. Aguado[16] ?

---

16. Alexandre-Marie Aguado (né à Séville en 1784 et mort en 1842), riche collectionneur.

445 — Mon Dieu ! je n'y pensais plus, répondis-je en m'ha-
billant ; nous allons y aller : j'ai la permission ici sur mon
bureau. »

Je m'avançai effectivement pour la prendre ; mais jugez de
mon étonnement lorsqu'à la place du pied de momie que
450 j'avais acheté la veille, je vis la petite figurine de pâte verte
mise à sa place par la princesse Hermonthis !

Théophile Gautier, *Le Pied de momie*, 1840.

Couvercle-planche
de la momie de Piay.
XIIe siècle avant J.-C.,
art égyptien.
Musée égyptien,
Le Caire.

Questions
Repérer et analyser

Première lecture

1 À l'issue de votre première lecture, indiquez les ressemblances et les différences avec la nouvelle précédemment étudiée. Cette nouvelle utilise-t-elle les ressorts de la peur et de l'angoisse ?

Le narrateur et le point de vue

2 **a.** Identifiez le statut du narrateur. Le narrateur est-il témoin ou personnage de l'histoire ?
b. Selon quel point de vue ce récit est-il conduit ?
3 Qui le pronom « vous » désigne-t-il dans le second paragraphe ? Quel est l'effet produit par son emploi ?
4 Quelles informations la nouvelle donne-t-elle quant aux activités du narrateur, à son âge, à ses goûts ?
5 Relevez des marques d'humour dans le récit du narrateur. En quoi le ton humoristique contribue-t-il à créer une distance par rapport aux événements racontés ?

Le cadre spatio-temporel et l'organisation du récit

6 **a.** Quels sont les lieux évoqués dans le récit ? Quels sont les lieux réels ? les lieux imaginaires ?
b. Dans quel lieu l'action débute-t-elle et finit-elle ?
7 **a.** À quelle époque l'action se situe-t-elle ? Dans quelle époque le narrateur se trouve-t-il plongé dans le récit ?
b. Sur quelle durée l'histoire se déroule-t-elle ?
8 **a.** Repérez les principales étapes narratives. Pour répondre, complétez le tableau ci-dessous :

État du narrateur (veille ou sommeil)	l. ... à l. ...	Lieux Époque	Actions

b. Quelle remarque pouvez-vous faire sur la construction du récit ?

Les manifestations du surnaturel

Le récit fantastique fait souvent se rencontrer deux époques que des siècles sépa-
rent dans le monde réel. Le fantastique joue alors sur la coexistence de ces deux
mondes et sur la possibilité de passer de l'un à l'autre.

Le personnage de l'antiquaire

9 **a.** Relevez les termes qui désignent et caractérisent la boutique
de l'antiquaire. Quelle est l'atmosphère créée ?
b. Relevez de la ligne 42 à la ligne 59 les termes qui désignent et
caractérisent le personnage de l'antiquaire. En quoi sa manière de se
comporter est-elle inquiétante ?
c. Relisez le passage lignes 60 à 120 : en quoi peut-on dire que
l'antiquaire exerce une réelle tentation sur le narrateur ? Appuyez-vous
sur le type de phrase utilisé.
d. Quel avertissement l'antiquaire adresse-t-il au narrateur ?

L'objet magique

10 **a.** Décrivez l'objet choisi par le narrateur. De quand date-t-il ? En
quoi est-il insolite ? Quelles sont ses propriétés surnaturelles (l. 94 à
106 et l. 205 à 210) ?
b. Pourquoi le pied s'est-il trouvé séparé du corps de la princesse ?

L'apparition

11 **a.** Quelles sont les sensations olfactives et visuelles (l. 188 à 197)
ressenties par le narrateur ?
b. Décrivez précisément le lieu et l'époque dans lesquels le
narrateur est transporté.
c. Relevez les termes qui caractérisent la princesse Hermonthis. Quels
sont les champs lexicaux dominants ? Le portrait est-il mélioratif ou
péjoratif ?

Les réactions du narrateur

12 Dans quel état d'esprit le narrateur se trouve-t-il après l'achat du
pied de momie ?
13 **a.** Quelles sont ses réactions à partir de la ligne 170 ?

b. Relevez les modalisateurs (voir la leçon, p. 39) qui marquent le doute du narrateur (l. 198 à 214).

c. Éprouve-t-il de la peur ? S'étonne-t-il de parler le « cophte à la perfection » (l. 270) ?

14 **a.** Quel sentiment éprouve-t-il pour Hermonthis ? Que propose-t-il au pharaon ?

b. En quoi cette proposition peut-elle apparaître comme une transgression ?

c. Pour quelle raison le pharaon refuse-t-il d'exaucer le souhait du narrateur ? En quoi son refus est-il amusant ?

La chute et la visée

15 Quelle est la chute du récit ? Est-elle heureuse ou malheureuse pour le narrateur ?

16 **a.** Quelle explication rationnelle est donnée des événements survenus ?

b. En quoi la fin de la nouvelle plonge-t-elle cependant le narrateur et le lecteur dans le trouble ? Quelle trace le surnaturel laisse-t-il de son passage ?

17 Quelle conception de la femme et de l'amour la nouvelle comporte-t-elle ?

Écrire

Faire le portrait d'un personnage inquiétant

18 « Ils n'auraient jamais dû trouver la boutique [...] L'homme derrière le comptoir ne ressemblait à rien de ce qu'Éric aurait pu imaginer. La plupart des clients de magasins de jeux informatiques étaient eux-mêmes des joueurs, ou d'ex-joueurs, branchés sur cet univers dès l'enfance. Peu d'entre eux dépassait la quarantaine. » [...] « L'homme derrière le comptoir était... » : imaginez le portrait de ce personnage. Vous insisterez sur son caractère inquiétant et mystérieux.

Se documenter

Les parties séparées du corps humain

« Au milieu du plus large panneau, une chose étrange me tira l'œil. Sur un carré de velours rouge, un objet noir se détachait. Je m'approchai : c'était une main, une main d'homme. Non pas une main de squelette, blanche et propre, mais une main noire desséchée, avec des ongles jaunes, les muscles à nu, et des traces de sang ancien, de sang pareil à une crasse, sur les os coupés net,
5 comme d'un coup de hache, vers le milieu de l'avant-bras.
Autour du poignet une énorme chaîne de fer, rivée, soudée à ce membre malpropre, l'attachait au mur par un anneau assez fort pour tenir un éléphant en laisse.
Je demandai : « Qu'est-ce que cela ? »

10   Maupassant, extrait de *La Main*, 1883.

19 **a.** Quel est le statut du narrateur ?
b. Relevez les termes qui désignent et caractérisent la main dans cet extrait. Identifiez les champ lexicaux dominants et dites quelle est l'impression produite.
c. En quoi la description de cette main se différencie-t-elle de celle du pied de momie ?
20 Quelles hypothèses de lecture pouvez-vous faire quant à la suite de l'histoire ?

Villiers de l'Isle-Adam

Véra (1883)

À Madame la comtesse d'Osmoy.

> La forme du corps lui est
> plus *essentielle* que sa substance.
> *La Physiologie moderne.*

L'Amour est plus fort que la Mort, a dit Salomon : oui, son mystérieux pouvoir est illimité.

C'était à la tombée d'un soir d'automne, en ces dernières années, à Paris. Vers le sombre faubourg Saint-Germain, des
5 voitures, allumées déjà, roulaient, attardées, après l'heure du Bois. L'une d'elles s'arrêta devant le portail d'un vaste hôtel seigneurial, entouré de jardins séculaires[1] ; le cintre[2] était surmonté de l'écusson de pierre, aux armes de l'antique famille des comtes d'Athol, savoir : *d'azur, à l'étoile abîmée d'argent*,
10 avec la devise « PALLIDA VICTRIX »[3], sous la couronne retroussée d'hermine au bonnet princier. Les lourds battants s'écartèrent. Un homme de trente à trente-cinq ans, en deuil, au visage mortellement pâle, descendit. Sur le perron, de taciturnes[4] serviteurs élevaient des flambeaux. Sans les voir, il
15 gravit les marches et entra. C'était le comte d'Athol.

Chancelant, il monta les blancs escaliers qui conduisaient à cette chambre où, le matin même, il avait couché dans un cercueil de velours et enveloppé de violettes, en des flots de batiste[5], sa dame de volupté[6], sa pâlissante épousée, Véra, son désespoir.
20 En haut, la douce porte tourna sur le tapis ; il souleva la tenture.

---

1. Qui date d'un siècle.
2. Pierre en forme d'arc au-dessus d'une porte.
3. Littéralement, la pâle victorieuse.
4. Sombre, morose.
5. Toile de lin très fin.
6. Plaisir.
7. Couleur rouge vif.

Tous les objets étaient à la place où la comtesse les avait laissés la veille. La Mort, subite, avait foudroyé. La nuit dernière, sa bien-aimée s'était évanouie en des joies si
25 profondes, s'était perdue en de si exquises étreintes, que son cœur, brisé de délices, avait défailli : ses lèvres s'étaient brusquement mouillées d'une pourpre[7] mortelle. À peine avait-elle eu le temps de donner à son époux un baiser d'adieu, en souriant, sans une parole : puis ses longs cils, comme des voiles
30 de deuil, s'étaient abaissés sur la belle nuit de ses yeux.

La journée sans nom était passée.

Vers midi, le comte d'Athol, après l'affreuse cérémonie du caveau familial, avait congédié au cimetière la noire escorte. Puis, se renfermant, seul, avec l'ensevelie, entre les quatre
35 murs de marbre, il avait tiré sur lui la porte de fer du mausolée. — De l'encens[8] brûlait sur un trépied, devant le cercueil ; — une couronne lumineuse de lampes, au chevet de la jeune défunte, l'étoilait.

Lui, debout, songeur, avec l'unique sentiment d'une tendresse
40 sans espérance, était demeuré là, tout le jour. Sur les six heures, au crépuscule, il était sorti du lieu sacré. En refermant le sépulcre[9], il avait arraché de la serrure la clef d'argent, et, se haussant sur la dernière marche du seuil, il l'avait jetée doucement dans l'intérieur du tombeau. Il l'avait lancée sur les dalles
45 intérieures par le trèfle qui surmontait le portail. — Pourquoi ceci ?.... À coup sûr d'après quelque résolution mystérieuse de ne plus revenir.

Et maintenant il revoyait la chambre veuve.

La croisée, sous les vastes draperies de cachemire mauve
50 broché d'or, était ouverte : un dernier rayon du soir illuminait, dans un cadre de bois ancien, le grand portrait de la trépassée[10].

---

8. Substance aromatique qui répand une odeur pénétrante.
9. Tombeau.
10. Morte.
11. Bois noir foncé.
12. Se plonger.

Le comte regarda, autour de lui, la robe jetée, la veille, sur un fauteuil ; sur la cheminée, les bijoux, le collier de perles, l'éventail à demi fermé, les lourds flacons de parfums qu'*Elle* ne respirerait plus. Sur le lit d'ébène[11] aux colonnes tordues, resté défait, auprès de l'oreiller où la place de la tête adorée et divine était visible encore au milieu des dentelles, il aperçut le mouchoir rougi de gouttes de sang où sa jeune âme avait battu de l'aile un instant ; le piano ouvert, supportant une mélodie inachevée à jamais ; les fleurs indiennes cueillies par elle, dans la serre, et qui se mouraient dans de vieux vases de Saxe ; et, au pied du lit, sur une fourrure noire, les petites mules de velours oriental, sur lesquelles une devise rieuse de Véra brillait, brodée en perles : *Qui verra Véra l'aimera.* Les pieds nus de la bien-aimée y jouaient hier matin, baisés, à chaque pas, par le duvet des cygnes !

— Et là, là, dans l'ombre, la pendule, dont il avait brisé le ressort pour qu'elle ne sonnât plus d'autres heures.

Ainsi elle était partie !…. *Où* donc !…. Vivre maintenant ?

— Pour quoi faire ?…. C'était impossible, absurde.

Et le comte s'abîmait[12] en des pensées inconnues.

Il songeait à toute l'existence passée. — Six mois s'étaient écoulés depuis ce mariage. N'était-ce pas à l'étranger, au bal d'une ambassade qu'il l'avait vue pour la première fois ?…. Oui. Cet instant ressuscitait devant ses yeux, très distinct. Elle lui apparaissait là, radieuse. Ce soir-là, leurs regards s'étaient rencontrés. Ils s'étaient reconnus, intimement, de pareille nature, et devant s'aimer à jamais.

Les propos décevants, les sourires qui observent, les insinuations, toutes les difficultés que suscite le monde pour retarder l'inévitable félicité de ceux qui s'appartiennent, s'étaient évanouis devant la tranquille certitude qu'ils eurent, à l'instant même, l'un de l'autre.

13. Inexprimable.
14. Langoureuses.

Véra, lassée des fadeurs cérémonieuses de son entourage, était venue vers lui dès la première circonstance contrariante, 85 simplifiant ainsi, d'auguste façon, les démarches banales où se perd le temps précieux de la vie.

Oh ! comme, aux premières paroles, les vaines appréciations des indifférents à leur égard leur semblèrent une volée d'oiseaux de nuit rentrant dans les ténèbres ! Quel sourire ils 90 échangèrent ! Quel ineffable[13] embrassement !

Cependant leur nature était des plus étranges, en vérité ! — C'étaient deux êtres doués de sens merveilleux, mais exclusivement terrestres. Les sensations se prolongeaient en eux avec une intensité inquiétante. Ils s'y oubliaient eux-mêmes 95 à force de les éprouver. Par contre, certaines idées, celles de l'âme, par exemple, de l'Infini, *de Dieu même*, étaient comme voilées à leur entendement. La foi d'un grand nombre de vivants aux choses surnaturelles n'était pour eux qu'un sujet de vagues étonnements : lettre close dont ils ne se préoccu-100 paient pas, n'ayant pas qualité pour condamner ou justifier.

— Aussi, reconnaissant bien que le monde leur était étranger, ils s'étaient isolés, aussitôt leur union, dans ce vieux et sombre hôtel, où l'épaisseur des jardins amortissait les bruits du dehors.

Là, les deux amants s'ensevelirent dans l'océan de ces joies 105 languides[14] et perverses où l'esprit se mêle à la chair mystérieuse ! Ils épuisèrent la violence des désirs, les frémissements et les tendresses éperdues. Ils devinrent le battement de l'être l'un de l'autre. En eux, l'esprit pénétrait si bien le corps, que leurs formes leur semblaient intellectuelles, et que les baisers, 110 mailles brûlantes, les enchaînaient dans une fusion idéale. Long éblouissement ! Tout à coup, le charme se rompait ; l'accident terrible les désunissait ; leurs bras s'étaient désenlacés. Quelle ombre lui avait pris sa chère morte ? Morte !

15. Panneau de bois peint. | **16.** Ouvrage de peinture composé de trois

non. Est-ce que l'âme des violoncelles est emportée dans le
115 cri d'une corde qui se brise ?

Les heures passèrent.

Il regardait, par la croisée, la nuit qui s'avançait dans les
cieux : et la Nuit lui apparaissait *personnelle* ; elle lui semblait
une reine marchant, avec mélancolie, — dans l'exil, et l'agrafe
120 de diamant de sa tunique de deuil, Vénus, seule, brillait, au-
dessus des arbres, perdue au fond de l'azur.

— C'est Véra, pensa-t-il.

À ce nom, prononcé tout bas, il tressaillit en homme qui
s'éveille ; puis, se dressant, regarda autour de lui.

125 Les objets, dans la chambre, étaient maintenant éclairés par
une lueur jusqu'alors imprécise, celle d'une veilleuse, bleuis-
sant les ténèbres, et que la nuit, montée au firmament, faisait
apparaître ici comme une autre étoile. C'était la veilleuse, aux
senteurs d'encens, d'un iconostase[15], reliquaire familial de
130 Véra. Le triptyque[16], d'un vieux bois précieux, était suspendu,
par sa sparterie russe, entre la glace et le tableau. Un reflet
des ors de l'intérieur tombait, vacillant, sur le collier, parmi
les joyaux de la cheminée.

Le plein-nimbe[17] de la Madone[18] en habits de ciel brillait,
135 rosacé de la croix byzantine dont les fins et rouges linéaments[19],
fondus dans le reflet, ombraient d'une teinte de sang l'orient
ainsi allumé des perles. Depuis l'enfance, Véra plaignait, de
ses grands yeux, le visage maternel et si pur de l'héréditaire
madone, et, de sa nature, hélas ! ne pouvant lui consacrer
140 qu'un *superstitieux* amour, le lui offrait parfois, naïve, pensi-
vement, lorsqu'elle passait devant la veilleuse.

Le comte, à cette vue, touché de rappels douloureux jusqu'au
plus secret de l'âme, se dressa, souffla vite la lueur sainte, et, à

volets.

17. Auréole lumineuse qui entoure une
personne.
18. Vierge.
19. Traits.

tâtons, dans l'ombre, étendant la main vers une torsade, sonna.

145 Un serviteur parut : c'était un vieillard vêtu de noir ; il tenait une lampe, qu'il posa devant le portrait de la comtesse. Lorsqu'il se retourna, ce fut avec un frisson de superstitieuse terreur qu'il vit son maître debout et souriant comme si rien ne se fût passé.

150 — Raymond, dit tranquillement le comte, *ce soir, nous sommes accablés de fatigue, la comtesse et moi* ; tu serviras le souper vers dix heures. — À propos, nous avons résolu de nous isoler davantage, ici, dès demain. Aucun de mes servi-teurs, hors toi, ne doit passer la nuit dans l'hôtel. Tu leur
155 remettras les gages de trois années, et qu'ils se retirent. — Puis, tu fermeras la barre du portail ; tu allumeras les flam-beaux en bas, dans la salle à manger ; tu nous suffiras.

— Nous ne recevrons personne à l'avenir.

Le vieillard tremblait et le regardait attentivement.

160 Le comte alluma un cigare et descendit aux jardins.

Le serviteur pensa d'abord que la douleur trop lourde, trop désespérée, avait égaré l'esprit de son maître. Il le connaissait depuis l'enfance ; il comprit, à l'instant, que le heurt d'un réveil trop soudain pouvait être fatal à ce somnambule[20]. Son devoir,
165 d'abord, était le respect d'un tel secret.

Il baissa la tête. Une complicité dévouée à ce religieux rêve ? Obéir ?…. Continuer de *les* servir sans tenir compte de la Mort ? — Quelle étrange idée !…. Tiendrait-elle une nuit ?…. Demain, demain, hélas !…. Ah ! qui savait ?…. Peut-être !….
170 — Projet sacré, après tout ! — De quel droit réfléchissait-il ?….

Il sortit de la chambre, exécuta les ordres à la lettre et, le soir même, l'insolite existence commença.

Il s'agissait de créer un mirage terrible.

---

20. Personne qui, pendant son sommeil, effectue par automatisme des actes coordonnés.

La gêne des premiers jours s'effaça vite. Raymond, d'abord
175 avec stupeur, puis par une sorte de déférence[21] et de tendresse,
s'était ingénié si bien à être naturel, que trois semaines ne
s'étaient pas écoulées qu'il se sentit par moments presque dupe
lui-même de sa bonne volonté. L'arrière-pensée pâlissait ! Parfois,
éprouvant une sorte de vertige, il eut besoin de se dire que la
180 comtesse était positivement défunte. Il se prenait à ce jeu funèbre
et oubliait à chaque instant la réalité. Bientôt il lui fallut plus
d'une réflexion pour se convaincre et se ressaisir. Il vit bien qu'il
finirait par s'abandonner tout entier au magnétisme[22] effrayant
dont le comte pénétrait peu à peu l'atmosphère autour d'eux.
185 Il avait peur, une peur indécise, douce.

D'Athol, en effet, vivait absolument dans l'inconscience
de la mort de sa bien-aimée ! Il ne pouvait que la trouver
toujours présente, tant la forme de la jeune femme était mêlée
à la sienne. Tantôt, sur un banc du jardin, les jours de soleil,
190 il lisait, à haute voix, les poésies qu'elle aimait ; tantôt, le soir,
auprès du feu, les deux tasses de thé sur un guéridon, il causait
avec l'*Illusion* souriante, assise, à ses yeux, sur l'autre fauteuil.

Les jours, les nuits, les semaines s'envolèrent. Ni l'un ni
l'autre ne savait ce qu'ils accomplissaient. Et des phénomènes
195 singuliers se passaient maintenant, où il devenait difficile de
distinguer le point où l'imaginaire et le réel étaient identiques.
Une présence flottait dans l'air : une forme s'efforçait de trans-
paraître, de se tramer sur l'espace devenu indéfinissable.

D'Athol vivait double, en illuminé. Un visage doux et pâle,
200 entrevu comme l'éclair, entre deux clins d'yeux ; un faible
accord frappé au piano, tout à coup ; un baiser qui lui fermait
la bouche au moment où il allait parler, des affinités de
pensées *féminines* qui s'éveillaient en lui en réponse à ce qu'il
disait, un dédoublement de lui-même tel, qu'il sentait, comme

21. Respect.   **22.** Fluides qu'auraient certains individus pour agir sur l'environnement.

205 en un brouillard fluide, le parfum vertigineusement doux de
sa bien-aimée auprès de lui, et, la nuit, entre la veille et le
sommeil, des paroles entendues très bas : tout l'avertissait.
C'était une négation de la Mort élevée, enfin, à une puissance
inconnue !

210 Une fois, d'Athol la sentit et la vit si bien auprès de lui, qu'il
la prit dans ses bras : mais ce mouvement la dissipa.

— Enfant ! murmura-t-il en souriant.

Et il se rendormit comme un amant boudé par sa maîtresse
rieuse et ensommeillée.

215 Le jour de *sa* fête, il plaça, par plaisanterie, une immortelle dans le bouquet qu'il jeta sur l'oreiller de Véra.

— Puisqu'elle se croit morte, dit-il.

Grâce à la profonde et toute-puissante volonté de
M. d'Athol, qui, à force d'amour, forgeait la vie et la présence
220 de sa femme dans l'hôtel solitaire, cette existence avait fini
par devenir d'un charme sombre et persuadeur. — Raymond,
lui-même, n'éprouvait plus
aucune épouvante, s'étant
graduellement habitué à
225 ces impressions.

Une robe de velours noir
aperçue au détour d'une
allée ; une voix rieuse qui
l'appelait dans le salon ; un
230 coup de sonnette le matin,
à son réveil, comme autrefois ; tout cela lui était
devenu familier : on eût dit
que la morte jouait à l'in-
235 visible, comme une enfant.
Elle se sentait aimée tellement ! C'était bien *naturel*.

Gustave Moreau (1826-1898),
Promenade dans un parc,
peinture, musée Gustave Moreau, Paris.

Une année s'était écoulée.

Le soir de l'Anniversaire, le comte, assis auprès du feu, dans
240 la chambre de Véra, venait de *lui* lire un fabliau florentin :
Callimaque. Il ferma le livre ; puis en se servant du thé :

— *Douschka*, dit-il, te souviens-tu de la Vallée-des-Roses,
des bords de la Lahn, du château des Quatre-Tours ?.... Cette
histoire te les a rappelés, n'est-ce pas ?

245 Il se leva, et, dans la glace bleuâtre, il se vit plus pâle qu'à
l'ordinaire. Il prit un bracelet de perles dans une coupe et
regarda les perles attentivement. Véra ne les avait-elle pas
ôtées de son bras, tout à l'heure, avant de se dévêtir ? Les perles
étaient encore tièdes et leur orient[23] plus adouci, comme par
250 la chaleur de sa chair. Et l'opale[24] de ce collier sibérien, qui
aimait aussi le beau sein de Véra jusqu'à pâlir, maladivement,
dans son treillis d'or, lorsque la jeune femme l'oubliait pendant
quelque temps ! Autrefois, la comtesse aimait pour cela cette
pierrerie fidèle !.... Ce soir l'opale brillait comme si elle venait
255 d'être quittée et comme si le magnétisme exquis de la belle
morte la pénétrait encore. En reposant le collier et la pierre
précieuse, le comte toucha par hasard le mouchoir de batiste
dont les gouttes de sang étaient humides et rouges comme des
œillets sur de la neige !.... Là, sur le piano, qui donc avait
260 tourné la page finale de la mélodie d'autrefois ? Quoi ! la
veilleuse sacrée s'était rallumée, dans le reliquaire ! Oui, sa
flamme dorée éclairait mystiquement[25] le visage, aux yeux
fermés, de la Madone ! Et ces fleurs orientales, nouvellement
cueillies, qui s'épanouissaient là, dans les vieux vases de Saxe,
265 quelle main venait de les y placer ? La chambre semblait
joyeuse et douée de vie, d'une façon plus significative et plus
intense que d'habitude. Mais rien ne pouvait surprendre

---

23. Reflet nacré des perles.   **25.** De façon mystérieuse et sacrée.
24. Pierre précieuse opaque ou
translucide.

le comte ! Cela lui semblait tellement normal, qu'il ne fit même
pas attention que l'heure sonnait à cette pendule arrêtée depuis
270 une année.

Ce soir-là, cependant, on eût dit que, du fond des ténèbres,
la comtesse Véra s'efforçait adorablement de revenir dans
cette chambre tout embaumée d'elle ! Elle y avait laissé tant
de sa personne ! Tout ce qui avait constitué son existence l'y
275 attirait. Son charme y flottait ; les longues violences faites par
la volonté passionnée de son époux y devaient avoir desserré
les vagues liens de l'Invisible autour d'elle !....

Elle y était *nécessité*. Tout ce qu'elle aimait, c'était là.

Elle devait avoir envie de venir se sourire encore en cette
280 glace mystérieuse où elle avait tant de fois admiré son lilial
visage ! La douce morte, là-bas, avait tressailli, certes, dans
ses violettes, sous les lampes éteintes ; la divine morte avait
frémi, dans le caveau, toute seule, en regardant la clef
d'argent jetée sur les dalles. Elle voulait s'en venir vers lui,
285 aussi ! Et sa volonté se perdait dans l'idée de l'encens et
de l'isolement. La Mort n'est une circonstance définitive
que pour ceux qui espèrent des cieux ; mais la Mort, et
les Cieux, et la Vie, pour elle, n'était-ce pas leur
embrassement ? Et le baiser solitaire de son époux attirait
290 ses lèvres, dans l'ombre. Et le son passé des mélodies, les
paroles enivrées de jadis, les étoffes qui couvraient son
corps et en gardaient le parfum, ces pierreries magiques qui
la *voulaient*, dans leur obscure sympathie, — et surtout
l'immense et absolue impression de sa présence, opinion
295 partagée à la fin par les choses elles-mêmes, tout l'appelait
là, l'attirait là depuis si longtemps, et si insensiblement,
que, guérie enfin de la dormante Mort, il ne manquait plus
qu'*Elle seule* !

Ah ! Les Idées sont des êtres vivants !.... Le comte avait
300 creusé dans l'air la forme de son amour, et il fallait bien que

ce vide fût comblé par le seul être qui lui était homogène, autrement l'Univers aurait croulé. L'impression passa, en ce moment, définitive, simple absolue, qu'*Elle devait être là, dans la chambre* ! Il en était aussi tranquillement certain que
305 de sa propre existence, et toutes les choses, autour de lui, étaient saturées[26] de cette conviction. On l'y voyait ! Et, *comme ne manquait plus que Véra elle-même*, tangible, extérieure, *il fallut bien qu'elle s'y trouvât* et que le grand Songe de la Vie et de la Mort entr'ouvrît un moment ses portes infinies ! Le
310 chemin de résurrection[27] était envoyé par la foi jusqu'à elle ! Un frais éclat de rire musical éclaira de sa joie le lit nuptial ; le comte se retourna. Et là, devant ses yeux, faite de volonté et de souvenir, accoudée, fluide, sur l'oreiller de dentelles, sa main soutenant ses lourds cheveux noirs, sa bouche déli-
315 cieusement entr'ouverte en un sourire tout emparadisé de voluptés, belle à en mourir, enfin ! la comtesse Véra le regardait un peu endormie encore.

— Roger !…. dit-elle d'une voix lointaine.

Il vint auprès d'elle. Leurs lèvres s'unirent dans une joie
320 divine, — oublieuse, — immortelle !

Et ils s'aperçurent, *alors*, qu'ils n'étaient, réellement, qu'*un seul être*.

Les heures effleurèrent d'un vol étranger cette extase où se mêlaient, pour la première fois, la terre et le ciel.

325 Tout à coup, le comte d'Athol tressaillit, comme frappé d'une réminiscence[28] fatale.

—Ah ! maintenant, je me rappelle !…. dit-il. Qu'ai-je donc ? — Mais tu es morte !

À l'instant même, à cette parole, la mystique[29] veilleuse de
330 l'iconostase s'éteignit. Le pâle petit jour du matin, — d'un matin banal, grisâtre et pluvieux —, filtra dans la chambre

---

26. Qui ne peut contenir plus.   28. Souvenir.
27. Retour de la mort à la vie.   29. Religieux et sacré.

par les interstices des rideaux. Les bougies blêmirent et s'éteignirent, laissant fumer âcrement leurs mèches rouges ; le feu
disparut sous une couche de cendres tièdes ; les fleurs se fanè-
335 rent et se desséchèrent en quelques moments ; le balancier de
la pendule reprit graduellement son immobilité. La *certitude* de tous les objets s'envola subitement. L'opale, morte,
ne brillait plus ; les taches de sang s'étaient fanées aussi, sur
la batiste, auprès d'elle ; et s'effaçant entre les bras désespérés
340 qui voulaient en vain l'étreindre encore, l'ardente et blanche
vision rentra dans l'air et s'y perdit. Un faible soupir d'adieu,
distinct, lointain, parvint jusqu'à l'âme de Roger. Le comte
se dressa ; il venait de s'apercevoir qu'il était seul. Son rêve
venait de se dissoudre d'un seul coup ; il avait brisé le magné-
345 tique fil de sa trame radieuse avec une seule parole.
L'atmosphère était, maintenant, celle des défunts.

Comme ces larmes de verre, agrégées[30] illogiquement, et
cependant si solides qu'un coup de maillet sur leur partie
épaisse ne les briserait pas, mais qui tombent en une subite
350 et impalpable poussière si l'on en casse l'extrémité plus fine
que la pointe d'une aiguille, tout s'était évanoui.

— Oh ! murmura-t-il, c'est donc fini ! — Perdue !…. Toute
seule ! — Quelle est la route, maintenant, pour parvenir jusqu'à
toi ? Indique-moi le chemin qui peut me conduire vers toi !….
355 Soudain, comme une réponse, un objet brillant tomba du
lit nuptial, sur la noire fourrure, avec un bruit métallique : un
rayon de l'affreux jour terrestre l'éclaira !…. L'abandonné
se baissa, le saisit, et un sourire sublime illumina son visage
en reconnaissant cet objet : c'était la clef du tombeau.

Villiers de l'Isle-Adam, *Véra*, 1883.

| **30.** Rattachées.

Questions

Repérer et analyser

Première lecture

1 Lisez la nouvelle. Échangez vos impressions. Vous a-t-elle plu ? Sur quels thèmes porte-t-elle ? En quoi relève-t-elle, selon vous, du genre fantastique ?

Le statut du narrateur et le point de vue

Dans une narration à la troisième personne, on parle de point de vue omniscient quand le narrateur donne de nombreuses informations au lecteur sur les lieux, les personnages (leur passé, leur histoire personnelle), comme s'il savait tout d'eux. On parle de point de vue interne quand le narrateur entre dans la conscience d'un personnage et adopte son point de vue.
Le narrateur peut alterner point de vue omniscient et point de vue interne.

2 **a.** Identifiez le statut du narrateur.
b. Relevez des passages qui correspondent à un commentaire du narrateur. Sur quoi ces commentaires portent-ils ?
3 **a.** Selon quel point de vue dominant le récit est-il mené ? Justifiez votre réponse.
b. « Et maintenant il revoyait la chambre veuve » (l. 48) : quel est le point de vue adopté dans la suite du paragraphe ? Indiquez d'autres passages qui relèvent du même point de vue. Quel est l'effet produit par le croisement des points de vue ?
4 Relevez les phrases en italique : précisez si elles sont assumées par un personnage ou par le narrateur. Quel est, selon vous, l'effet recherché ?

Le cadre de l'action

5 **a.** Dans quelle ville et dans quel quartier le palais du comte d'Athol se trouve-t-il ?
b. Relevez les termes qui désignent et caractérisent ce palais. Quels sont les champs lexicaux qui apparaissent ? Quelle image est donnée de ce palais ?
c. Décrivez les armes de la famille : que symbolisent-elles ? Quel est le

sens de la devise qui figure au-dessus de la porte du palais ?

d. En quoi cette description initiale fournit-elle des pistes importantes concernant l'appartenance sociale des personnages ?

6 Relevez d'autres passages descriptifs, notamment celui concernant la chambre : « il revoyait la chambre veuve […] d'autres heures » (l. 48 à 67). Relevez le champ lexical du luxe et du raffinement. Notez le jeu des couleurs.

Le traitement du temps

L'ordre de la narration

7 À quelle époque l'action se situe-t-elle (année, saison, moment de la journée) ?

8 **a.** Repérez les différents faits racontés dans le récit.

b. Sont-ils rapportés de façon chronologique ? Sur quel événement le récit s'ouvre-t-il ? Appuyez-vous sur les indicateurs temporels et l'emploi des temps verbaux.

Le rythme de la narration

• On appelle rythme de la narration le rapport entre le temps de l'histoire (c'est-à-dire la durée fictive des événements racontés, comptée en années, mois, jours, heures…) et le temps du récit (compté en lignes ou en pages).

• On parle de scène lorsque le temps du récit est à peu près égal au temps de l'histoire, autrement dit lorsque le narrateur donne au lecteur l'illusion que la durée des événements racontés équivaut au temps qu'il met à lire le texte. Les scènes comportent souvent des dialogues ; elles marquent des temps forts de l'action.

• On parle d'ellipse quand certains événements sont passés sous silence.

9 **a.** Sur quelle durée l'histoire se déroule-t-elle ?

b. À partir des indicateurs de temps relevés précédemment, notez les effets de ralentissement et d'accélération : quelles sont les deux scènes qui encadrent le récit ? En quoi se correspondent-elles ?

10 Quel est l'effet produit quant à la construction de l'ensemble de la nouvelle ?

Les personnages

Le personnage des récits fantastiques est généralement issu de couches sociales aisées. Étudiant, rentier ou artiste, sa fonction le distingue des autres. Généralement il apprécie la solitude et connaît un vide affectif qui crée un terrain favorable à la manifestation du phénomène fantastique.

11 À quel milieu social le comte et Véra appartiennent-ils ? De quel pays Véra est-elle originaire ? Relevez les termes qui caractérisent les deux personnages (notamment les métaphores et comparaisons qui assimilent Véra à une étoile).

12 a. Où les deux personnages se sont-ils rencontrés ? Décrivez les circonstances de leur rencontre : par quel sens le sentiment éprouvé est-il passé ? Justifiez votre réponse.

b. Quelle conception de l'amour transparaît à travers cette rencontre ? En quoi les deux personnages sont-ils « de pareille nature », différents des autres hommes ? En quoi leur amour se distingue-t-il de l'amour ordinaire ? Relevez des commentaires du narrateur.

c. Quel mode de vie ont-ils choisi ? Relisez le passage lignes 104 à 110 (« Là, les deux amants s'ensevelirent [...] fusion idéale ») : relevez les expressions qui caractérisent leur bonheur.

13 a. Relevez les termes qui désignent Véra morte.

b. Dans quel état d'esprit le comte d'Athol se trouve-t-il plongé à la mort de Véra ? Quel acte fait-il en sortant du tombeau ?

c. « Tout à coup, le charme se rompait [...] Est-ce que l'âme des violoncelles est emportée dans le cri d'une corde qui se brise ? » (l. 111 à 115) : à quoi le comte refuse-t-il de croire ? Que décide-t-il ? Son serviteur est-il surpris ? Justifiez vos réponses.

Les manifestations du surnaturel

14 Repérez les jeux créés par les éclairages (l. 125 à 144) dans le palais et dites quelle est l'atmosphère ainsi créée.

15 a. Rappelez l'existence choisie par le comte d'Athol après la mort de sa bien-aimée.

b. « D'Athol vivait double, en illuminé » (l. 199) : expliquez cette phrase.

c. Raymond, le serviteur, est-il surpris par le comportement de son maître ? Quelle interprétation donne-t-il à ce comportement ? En quoi son sentiment évolue-t-il au fur et à mesure des mois qui passent ?

16 **a.** Quel phénomène surnaturel se produit-il à partir de la ligne 239 (« Le soir de l'Anniversaire... ») ?

b. « Ce soir l'opale brillait... » (l. 254) ; « Tout ce qu'elle aimait, c'était là. » (l. 278). Relevez les indices (modalisateurs) qui montrent le caractère incertain du phénomène.

c. De quelle façon les objets présents dans la chambre annoncent-ils le retour de la morte ? Notez les transformations de chacun de ces objets.

d. Quel sens donnez-vous à « Elle y était *nécessitée* » (l. 278) ? Relevez d'autres phrases qui présentent la même idée.

La chute

17 **a.** Par quelle phrase le comte d'Athol brise-t-il l'illusion de la présence de Véra ?

b. Expliquez la phrase : « Comme frappé d'une réminiscence fatale » (l. 325-326).

18 Montrez en citant le texte que tout le décor perd la vie : relevez le champ lexical de la mort (« À l'instant même, à cette parole [...] tout s'était évanoui », l. 329 à 351).

19 « Un objet brillant... » (l. 355) : à quel moment le lecteur découvre-t-il qu'il s'agit de la clé du tombeau ? Quel est l'effet produit ? De quelle façon le comte d'Athol réagit-il ? Que comprend-il ?

20 Quelle explication rationnelle le lecteur peut-il donner à l'ensemble de la nouvelle ? Vers quelle interprétation la dernière phrase l'oriente-t-elle ?

La visée

21 En quoi cette nouvelle (de par l'origine des personnages, leur conception de la vie et du monde) constitue-t-elle une critique de la vie bourgeoise et des croyances ordinaires ?

22 « La Mort n'est une circonstance définitive que pour ceux qui espèrent des cieux ; mais la Mort, et les Cieux, et la Vie, pour elle, n'était-ce pas leur embrassement ? » (l. 286 à 289).

a. Quelle conception de l'amour cette nouvelle traduit-elle ? En quoi met-elle en rapport l'amour et la mort?

b. Relisez la première phrase. En quoi annonce-t-elle la visée du récit?

Écrire

23 Imaginez une autre fin qui entretienne le doute entre une explication rationnelle et l'existence du surnaturel.

Enquêter

24 **a.** Qu'est-ce que l'occultisme? et le spiritisme?

b. Définissez : « pratiques occultes » ; « sciences occultes » ; « occulter ».

Lire

25 Lisez la nouvelle *Ligeia* d'Edgar Allan Poe.

Quels points communs et quelles différences constatez-vous entre ces deux œuvres?

Guy de Maupassant

La Morte (1887)

Je l'avais aimée éperdument ! Pourquoi aime-t-on ? Est-ce bizarre de ne plus voir dans le monde qu'un être, de n'avoir plus dans l'esprit qu'une pensée, dans le cœur qu'un désir, et dans la bouche qu'un nom : un nom qui monte incessamment,
5 qui monte, comme l'eau d'une source, des profondeurs de l'âme, qui monte aux lèvres, et qu'on dit, qu'on redit, qu'on murmure sans cesse, partout, ainsi qu'une prière.

Je ne conterai point notre histoire. L'amour n'en a qu'une, toujours la même. Je l'avais rencontrée et aimée. Voilà tout.
10 Et j'avais vécu pendant un an dans sa tendresse, dans ses bras, dans sa caresse, dans son regard, dans ses robes, dans sa parole, enveloppé, lié, emprisonné dans tout ce qui venait d'elle, d'une façon si complète que je ne savais plus s'il faisait jour ou nuit, si j'étais mort ou vivant, sur la vieille terre ou ailleurs.

15 Et voilà qu'elle mourut. Comment ? Je ne sais pas, je ne sais plus.

Elle rentra mouillée, un soir de pluie, et le lendemain, elle toussait. Elle toussa pendant une semaine environ et prit le lit.

20 Que s'est-il passé ? Je ne sais plus.

Des médecins venaient, écrivaient, s'en allaient. On apportait des remèdes ; une femme les lui faisait boire. Ses mains étaient chaudes, son front brûlant et humide, son regard brillant et triste. Je lui parlais, elle me répondait. Que nous
25 sommes-nous dit ? Je ne sais plus. J'ai tout oublié, tout, tout ! Elle mourut, je me rappelle très bien son petit soupir, son petit soupir si faible, le dernier. La garde dit : « Ah ! » Je compris, je compris !

Je n'ai plus rien su. Rien. Je vis un prêtre qui prononça ce
30 mot : « Votre maîtresse. » Il me sembla qu'il l'insultait.
Puisqu'elle était morte on n'avait plus le droit de savoir cela.
Je le chassai. Un autre vint qui fut très bon, très doux. Je
pleurai quand il me parla d'elle.

On me consulta sur mille choses pour l'enterrement. Je ne
35 sais plus. Je me rappelle cependant très bien le cercueil, le
bruit des coups de marteau quand on la cloua dedans. Ah !
mon Dieu !

Elle fut enterrée ! enterrée ! Elle ! dans ce trou ! Quelques
personnes étaient venues, des amies. Je me sauvai. Je courus.
40 Je marchai longtemps à travers les rues. Puis je rentrai chez
moi. Le lendemain je partis pour un voyage.

Jean-Louis Forain
(1852-1931),
Le Veuf,
peinture, 1855.
Musée d'Orsay, Paris.

Hier, je suis rentré à Paris.

Quand je revis ma chambre, notre chambre, notre lit, nos
meubles, toute cette maison où était resté tout ce qui reste
45 de la vie d'un être après sa mort, je fus saisi par un retour

de chagrin si violent que je faillis ouvrir la fenêtre et me jeter dans la rue. Ne pouvant plus demeurer au milieu de ces choses, de ces murs qui l'avaient enfermée, abritée, et qui devaient garder dans leurs imperceptibles fissures mille atomes d'elle,
50 de sa chair et de son souffle, je pris mon chapeau, afin de me sauver. Tout à coup, au moment d'atteindre la porte, je passai devant la grande glace du vestibule qu'elle avait fait poser là pour se voir, des pieds à la tête, chaque jour, en sortant, pour voir si toute sa toilette allait bien, était correcte et jolie, des
55 bottines à la coiffure.

Et je m'arrêtai net en face de ce miroir qui l'avait si souvent reflétée. Si souvent, si souvent, qu'il avait dû garder aussi son image.

J'étais là debout, frémissant, les yeux fixés sur le verre, sur
60 le verre plat, profond, vide, mais qui l'avait contenue tout entière, possédée autant que moi, autant que mon regard passionné. Il me sembla que j'aimais cette glace, — je la touchai, — elle était froide ! Oh ! le souvenir ! le souvenir ! miroir douloureux, miroir brûlant, miroir vivant, miroir
65 horrible, qui fait souffrir toutes les tortures ! Heureux les hommes dont le cœur, comme une glace où glissent et s'effacent les reflets, oublie tout ce qu'il a contenu, tout ce qui a passé devant lui, tout ce qui s'est contemplé, miré, dans son affection, dans son amour ! Comme je souffre !

70 Je sortis et, malgré moi, sans savoir, sans le vouloir, j'allai vers le cimetière. Je trouvai sa tombe toute simple, une croix de marbre avec ces quelques mots : « Elle aima, fut aimée, et mourut. »

Elle était là, là-dessous, pourrie ! Quelle horreur ! Je sanglo-
75 tais, le front sur le sol.

J'y restai longtemps, longtemps. Puis je m'aperçus que le soir venait. Alors un désir bizarre, fou, un désir d'amant déses-péré s'empara de moi. Je voulus passer la nuit près d'elle,

dernière nuit, à pleurer sur sa tombe. Mais on me verrait, on
80 me chasserait. Comment faire ? Je fus rusé. Je me levai et me
mis à errer dans cette ville des disparus. J'allais, j'allais. Comme
elle est petite cette ville à côté de l'autre, celle où l'on vit ! Et
pourtant comme ils sont plus nombreux que les vivants, ces
morts. Il nous faut de hautes maisons, des rues, tant de place,
85 pour les quatre générations qui regardent le jour en même
temps, boivent l'eau des sources, le vin des vignes et mangent
le pain des plaines.

Et pour toutes les générations des morts, pour toute l'échelle
de l'humanité descendue jusqu'à nous, presque rien, un champ,
90 presque rien ! La terre les reprend, l'oubli les efface. Adieu !

Au bout du cimetière habité, j'aperçus tout à coup le cimetière abandonné, celui où les vieux défunts achèvent de se
mêler au sol, où les croix elles-mêmes pourrissent, où l'on
mettra demain les derniers venus. Il est plein de roses libres,
95 de cyprès vigoureux et noirs, un jardin triste et superbe, nourri
de chair humaine.

J'étais seul, bien seul. Je me blottis dans un arbre vert. Je
m'y cachai tout entier, entre ces branches grasses et sombres.

Et j'attendis, cramponné au tronc comme un naufragé sur
100 une épave.

Quand la nuit fut noire, très noire, je quittai mon refuge et
me mis à marcher doucement, à pas lents, à pas sourds, sur
cette terre pleine de morts.

J'errai longtemps, longtemps, longtemps. Je ne la retrou-
105 vais pas. Les bras étendus, les yeux ouverts, heurtant des
tombes avec mes mains, avec mes pieds, avec mes genoux,
avec ma poitrine, avec ma tête elle-même, j'allais sans la
trouver. Je touchais, je palpais comme un aveugle qui cherche
sa route, je palpais des pierres, des croix, des grilles de fer, des
110 couronnes de verre, des couronnes de fleurs fanées ! Je lisais

les noms avec mes doigts, en les promenant sur les lettres. Quelle nuit ! quelle nuit ! Je ne la retrouvais pas !

Pas de lune ! Quelle nuit ! J'avais peur, une peur affreuse dans ces étroits sentiers, entre deux lignes de tombes ! Des
115 tombes ! des tombes ! des tombes. Toujours des tombes ! À droite, à gauche, devant moi, autour de moi, partout, des tombes ! Je m'assis sur une d'elles, car je ne pouvais plus marcher tant mes genoux fléchissaient. J'entendais battre mon cœur ! Et j'entendais autre chose aussi ! Quoi ? un bruit confus
120 innommable ! Était-ce dans ma tête affolée, dans la nuit impénétrable, ou sous la terre mystérieuse, sous la terre ensemencée de cadavres humains, ce bruit ? Je regardais autour de moi !

Combien de temps suis-je resté là ? Je ne sais pas. J'étais paralysé par la terreur, j'étais ivre d'épouvante, prêt à hurler,
125 prêt à mourir.

Et soudain il me sembla que la dalle de marbre sur laquelle j'étais assis remuait. Certes, elle remuait, comme si on l'eût soulevée. D'un bond je me jetai sur le tombeau voisin, et je vis, oui, je vis la pierre que je venais de quitter se dresser toute
130 droite ; et le mort apparut, un squelette nu qui, de son dos courbé la rejetait. Je voyais, je voyais très bien, quoique la nuit fût profonde. Sur la crois je pus lire :

« Ici repose Jacques Olivant, décédé à l'âge de cinquante et un ans. Il aimait les siens, fut honnête et bon, et mourut
135 dans la paix du Seigneur. »

Maintenant le mort aussi lisait les choses écrites sur son tombeau. Puis il ramassa une pierre dans le chemin, une petite pierre aiguë, et se mit à les gratter avec soin, ces choses. Il les effaça tout à fait, lentement, regardant de ses yeux vides la
140 place où tout à l'heure elles étaient gravées ; et du bout de l'os qui avait été son index, il écrivit en lettres lumineuses comme ces lignes qu'on trace aux murs avec le bout d'une allumette :

« Ici repose Jacques Olivant, décédé à l'âge de cinquante et
145 un ans. Il hâta par ses duretés la mort de son père dont il dési-
rait hériter, il tortura sa femme, tourmenta ses enfants, trompa
ses voisins, vola quand il le put et mourut misérablement. »

Quand il eut achevé d'écrire, le mort immobile contempla
son œuvre. Et je m'aperçus, en me retournant, que toutes les
150 tombes étaient ouvertes, que tous les cadavres en étaient sortis,
que tous avaient effacé les mensonges inscrits par les parents
sur la pierre funéraire, pour y rétablir la vérité.

Et je voyais que tous avaient été les bourreaux de leurs
proches, haineux, déshonnêtes, hypocrites, menteurs, fourbes,
155 calomniateurs, envieux, qu'ils avaient volé, trompé, accompli
tous les actes honteux, tous les actes abominables, ces bons
pères, ces épouses fidèles, ces fils dévoués, ces jeunes filles
chastes, ces commerçants probes, ces hommes et ces femmes
dits irréprochables.

160 Ils écrivaient tous en même temps, sur le seuil de leur
demeure éternelle, la cruelle, terrible et sainte vérité que tout
le monde ignore ou feint d'ignorer sur la terre.

Je pensai qu'*elle* aussi avait dû la tracer sur sa tombe. Et sans
peur maintenant, courant au milieu des cercueils entr'ouverts,
165 au milieu des cadavres, au milieu des squelettes, j'allai vers
elle, sûr que je la trouverais aussitôt.

Je la reconnus de loin, sans voir le visage enveloppé du suaire.

Et sur la croix de marbre où tout à l'heure j'avais lu :

« Elle aima, fut aimée, et mourut. »

170 J'aperçus :

« Étant sortie un jour pour tromper son amant, elle eut froid
sous la pluie, et mourut. »

Il paraît qu'on me ramassa, inanimé, au jour levant, auprès
d'une tombe.

Guy de Maupassant, *La Morte*, 1887.

Questions

Repérer et analyser

Le statut du narrateur

1 **a.** Identifiez le statut du narrateur.

b. Selon quel point de vue le récit est-il mené ?

2 Relevez les formes verbales qui renvoient au moment de l'énonciation. Repérez les formes verbales qui renvoient aux événements passés. Identifiez les temps utilisés.

3 Connaît-on le nom du narrateur ? Quelles informations la nouvelle donne-t-elle sur lui ?

Le cadre, l'ordre et le rythme narratif

4 À quelle époque et dans quelle ville l'action se passe-t-elle principalement ?

5 **a.** Relevez les indicateurs temporels dans l'ensemble de la nouvelle. Établissez un axe chronologique des événements survenus.

b. Repérez un retour en arrière et deux ellipses. Quel est l'effet produit ?

c. Sur quelle durée l'histoire se déroule-t-elle de la ligne 42 (« Hier, je suis rentré à Paris ») à la fin ?

d. En quoi y a-t-il ralentissement du rythme ? Sur quel événement la nouvelle se concentre-t-elle ?

Les manifestations du surnaturel

> Le récit fantastique se déroule généralement la nuit. Ce moment favorise l'apparition d'êtres surnaturels, comme les fantômes.

6 Dans quel lieu le narrateur se rend-il ? Relevez les termes qui servent à désigner et à caractériser ce lieu. En quoi ce lieu est-il propice au fantastique ?

7 À quel moment de la journée la scène se passe-t-elle ?

8 **a.** Relevez les notations visuelles et auditives qui préparent l'apparition du phénomène surnaturel.

b. À quel phénomène surnaturel le narrateur assiste-t-il ? Décrivez-le précisément.

Les réactions du narrateur

Dans un récit fantastique, le personnage, souvent isolé, perd ses repères de temps et de lieu.

9 **a.** Dans quel état la mort de sa bien-aimée a-t-elle plongé le narrateur ? Repérez notamment les phrases interrogatives et la répétition « Je ne sais plus », et précisez l'effet produit.

b. Relevez lignes 70-71 (« Je sortis et, malgré moi, sans savoir, sans le vouloir, j'allai vers le cimetière. ») les expressions qui montrent que le narrateur n'est plus maître de sa volonté.

10 Montrez en citant le texte que le narrateur perd la notion du temps. En quoi la solitude contribue-t-elle à renforcer son sentiment d'égarement ?

11 **a.** Quel sentiment éprouve-t-il (l. 112 à 125) au moment de la manifestation du phénomène surnaturel ? Pour répondre, appuyez-vous sur les modalisateurs (voir la leçon, p. 39), les types de phrases et le champ lexical de la peur.

b. Pourquoi le narrateur répète-t-il « Je voyais, je voyais très bien » (l. 131) ?

La chute et la visée

12 **a.** Qu'est-ce qu'une épitaphe ? Que révèlent les épitaphes sur la vie des personnes enterrées ?

b. Quelle version de la réalité les morts se chargent-ils de rétablir ?

c. Quelle épitaphe le narrateur découvre-t-il sur le tombeau de sa bien-aimée ?

d. Quel est l'effet produit par cette inscription sur le narrateur ? et sur le lecteur ?

13 Quelle double explication les événements survenus peuvent-ils recevoir ?

14 **a.** Quelle première vision matérielle le narrateur a-t-il de la mort (l. 74-75) ?

b. En quoi la suite du récit contredit-elle cette vision ?

15 Quelle image est donnée de la femme ? de l'amour ? de la société humaine en général ? En quoi est-elle pessimiste ?

16 Quelles sont les visées de cette nouvelle de Maupassant ?

Écrire

17 Relisez le passage lignes 148 à 159 : imaginez quelques épitaphes corrigées par les fantômes.

18 Imaginez la conversation entre les morts dans le cimetière : la jeune femme aimée par le narrateur raconte notamment son histoire.

S'exprimer à l'oral

« Le lecteur indécis ne savait plus, perdait pied comme en une eau dont le fond manque à tout instant, se raccrochait brusquement au réel pour s'enfoncer encore tout aussitôt, et se débattre de nouveau dans une confusion terrible et enfiévrante comme un cauchemar. »

Maupassant, « Le Fantastique », in *Le Gaulois*, 7 octobre 1883.

19 En quoi cette définition se rapporte-t-elle aux nouvelles que vous avez étudiées ?

Se documenter

Les fantômes

« À onze heures la famille se retira, et dès onze heures et demie toutes les lumières étaient éteintes.

Quelque temps après, M. Otis fut réveillé par un bruit bizarre dans le couloir, à l'extérieur de sa chambre. On eût dit un tintement de métal, et il semblait se rapprocher d'instant en instant. Il se leva immédiatement, frotta une allumette, et regarda l'heure. Il était exactement une heure. M. Otis était très calme, et se tâta le pouls, qui n'était nullement fébrile.

Le bruit étrange se prolongea encore, et il entendit en même temps distinctement un bruit de pas. Il chaussa ses pantoufles, prit dans sa mallette une petite fiole oblongue, et ouvrit la porte. Juste en

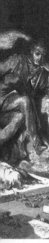

face de lui il vit, au pâle clair de lune, un vieillard d'aspect terrible. Il avait des yeux rouges pareils à des charbons incandescents ; une longue chevelure grise lui tombait sur les épaules en tresses emmêlées ; ses vêtements, d'une coupe ancienne, étaient salis et élimés. De lourdes menottes et des fers rouillés lui pendaient aux poignets et aux chevilles.

« Cher monsieur, dit M. Otis, permettez-moi vraiment d'insister auprès de vous pour que vous huiliez ces chaînes : je vous ai apporté à cette fin un petit flacon de lubrifiant Soleil Levant Tammany. On le dit totalement efficace dès la première application, et il y a, sur l'emballage, plusieurs attestations allant dans ce sens, émanant de quelques-uns de nos ecclésiastiques les plus éminents. Je le laisse ici pour vous, à côté des veilleuses, et je me ferai un plaisir de vous en fournir encore au cas où vous en auriez besoin. »

Sur ces mots, le ministre des États-Unis posa le flacon sur une table à dessus de marbre, et, fermant sa porte, se retira dans sa chambre pour se reposer.

Un instant, le fantôme de Canterville demeura absolument immobile, dans un accès d'indignation bien naturelle ; puis, ayant lancé violemment le flacon sur le parquet poli, il s'enfuit le long du couloir, en poussant des gémissements sourds et en émettant une lueur verdâtre et fantomatique.

Mais au moment précis où il atteignait le haut de l'escalier de chêne, une porte s'ouvrit brusquement, deux petits personnages apparurent, vêtus de longues robes blanches, et un gros oreiller lui frôla la tête avec un sifflement. Il n'y avait manifestement pas de temps à perdre ; aussi, adoptant à la hâte, comme moyen d'évasion, la quatrième dimension de l'espace, disparut-il à travers le lambris, et la maison devint-elle absolument silencieuse. »

Oscar Wilde, *Le Fantôme de Canterville*,
traduction de Jules Castier, éd. Stock.

20 **a.** Relevez dans cet extrait les termes qui caractérisent le fantôme. Quel effet celui-ci produit-il sur M. Otis ?
b. Quel est le ton de cet extrait ? Justifiez votre réponse.
c. À quelle suite peut-on s'attendre ?

Dino Buzzati

Les Souris (1954)

XXᵉ
SIÈCLE

Qu'est-il advenu de mes amis Corio ? Que se passe-t-il dans leur vieille maison de campagne qu'on appelle la Doganella ? Depuis bien longtemps ils m'invitaient chaque été pour quelques semaines. Cette année, pour la première fois, ils n'en
5 ont rien fait. Giovanni m'a écrit quelques lignes d'excuse. Une lettre curieuse, faisant allusion d'une façon vague à des difficultés, des ennuis de famille, mais qui n'explique rien.

Ah, combien de jours heureux ai-je vécus dans leur maison, dans la solitude des bois ! Vieux souvenirs, aujourd'hui pour
10 la première fois vous surgissez, petits faits qui me semblaient alors banals, indifférents. Vous vous révélez à l'improviste.

Par exemple celui-ci : pendant un été désormais lointain, longtemps avant la guerre – c'était la seconde fois que j'étais l'hôte des Corio...

15 Je m'étais retiré dans ma chambre qui donnait sur le jardin, celle-là même qui était la mienne chaque année, et me préparais à me coucher. Soudain j'entendis un petit bruit, un grattement au bas de la porte. J'allai ouvrir. Une souris minuscule fila entre mes jambes, traversa la chambre et courut se cacher
20 sous la commode. Elle trottait gauchement, j'aurais facilement pu l'attraper. Mais elle était tellement gracieuse, fragile...

Le lendemain matin, par hasard, j'en parlai à Giovanni :

– Ah oui, dit-il distraitement, les souris se promènent de temps en temps dans la maison...

25 – Elle était si petite... Je ne me suis pas senti le courage de la...

– Oui, je comprends. Pas d'importance...

Il se mit à parler d'autre chose, comme si mon discours lui déplaisait.

30   L'année suivante. Nous étions en train de jouer aux cartes, un soir, il pouvait être minuit, minuit et demi. Un clac, son métallique, comme d'un ressort, nous parvient de la pièce voisine – le salon, où à cette heure toutes les lumières étaient éteintes. Je m'inquiète.

35   – Qu'est-ce que c'est ?

– Je n'ai rien entendu, répond Giovanni évasif. Et toi, Élena, as-tu entendu quelque chose ?

– Non, reprend sa femme en rougissant un peu. Pourquoi ?

– Mais il me semble, dis-je, que de l'autre côté, dans le
40   salon... un bruit métallique...

Je remarque combien ils semblent embarrassés.

– Ah, c'est à moi de faire les cartes ?

À peine dix minutes plus tard, nouveau clac, dans le couloir cette fois, aussitôt suivi d'un faible petit cri, un cri de bête.

45   – Dis-moi, Giovanni : vous avez posé des souricières ?

– Pas à ma connaissance. N'est-ce pas, Élena ? A-t-on posé des souricières ?

Elle :

– Qu'est-ce qui vous prend ? Pour le peu de souris que nous
50   avons !

Une autre année passe encore. À peine suis-je entré dans la maison que je remarque deux chats splendides, pleins d'une vigueur extraordinaire : chats tigrés, à forte musculature, au poil soyeux comme seuls en ont les chats qui se nourrissent
55   de souris. Je dis à Giovanni :

– Ah, vous vous êtes quand même enfin décidés ! Ils doivent faire de ces carnages ! Je parie qu'ils ne chôment pas !

– Bah, répond-il, s'ils ne devaient vivre que de souris, les pauvres...

60   – Je les trouve pourtant bien gras, tes minous !

– Oh oui, on les soigne. Tu sais, dans la cuisine, ils peuvent manger tout ce qu'il veulent.

Gottfried Mind (1768-1814) : *Chats et souris*,
dessin, musée des Arts Décoratifs, Paris.

Une autre année encore. En arrivant dans la maison pour passer mes vacances habituelles, je retrouve les deux chats.
65 Mais ils ne se ressemblent plus guère ; ils ont perdu toute leur vigueur, ils sont décrépits, essoufflés, étiques. Ils ne se glissent plus en frétillant d'une pièce à l'autre. Au contraire, toujours fourrés entre les jambes de leurs maîtres, somnolents, privés d'initiative. Je m'enquiers :
70   – Sont-ils malades ? Comment peuvent-ils être tellement décharnés ? N'ont-ils plus de souris à se mettre sous la dent ?
    – Tu l'as dit ! répond vivement Giovanni Corio. Ce sont les chats les plus stupides de la création. Ils ne s'intéressent plus à rien depuis qu'il n'y a plus de souris dans la maison…
75 On n'en voit même pas la trace !

Satisfait, il part dans un grand éclat de rire.

Un peu plus tard Giorgio, l'aîné des enfants de Corio, me prend à part avec des mines de comploteur.

– Tu sais pourquoi ? Ils ont peur !

80   – Qui a peur ?

– Les chats, ils ont peur. Papa ne veut jamais qu'on en parle, ça l'ennuie. Mais c'est pourtant vrai que les chats ont peur…

– Peur de qui ?

– Tiens donc ! des souris ! En un an ces sales bêtes, elles

85   n'étaient qu'une dizaine, sont devenues plus de cent… Et pas les petites souris de jadis ! On jurerait des tigres. Plus grandes qu'une taupe, le poil hirsute, toutes noires. En fait, les chats n'osent plus s'attaquer à elles.

– Et vous ne faites rien ?

90   – Bah ! il faudra bien faire quelque chose, seulement papa ne s'y décide jamais. Je ne comprends pas pourquoi, mais c'est un sujet de conversation qu'il vaut mieux laisser de côté. Ça l'énerve, je te dis…

Et l'année suivante, dès la première nuit, un immense branle-

95   bas au dessus de ma chambre, comme une foule en train de courir. Patapoum, patapoum. Pourtant je sais parfaitement qu'il n'y a personne là-haut, rien que les greniers inhabités, emplis de vieux meubles, de caisses, de chiffons. Bigre, quelle cavalerie ! me dis-je. Elles doivent être drôlement grosses,

100   ces souris. Un tel chahut que je parviens difficilement à m'endormir.

Le lendemain, à table, je demande :

– Mais vous ne prenez donc aucune précaution contre les souris ? Elles ont fait une de ces sarabandes cette nuit dans le

105   grenier !

Je vois aussitôt le visage de Giovanni s'obscurcir.

– Les souris ? De quelles souris veux-tu parler ? Grâce au ciel, il n'y en a plus dans cette maison.

Le grand-père et la grand-mère surenchérissent.

110 – Souris fabuleuses ! Imaginaires ! Tu as rêvé, mon pauvre petit !

– Pourtant, dis-je, je vous assure que c'était une vraie révolution, et je n'exagère pas. Le plafond en tremblait par moments !

115 Giovanni est devenu tout pensif.

– Tu sais ce que cela pourrait être ? Je ne t'en ai jamais parlé, parce que ces choses impressionnent parfois, mais nous avons des esprits dans cette maison. Je les entends souvent, moi aussi… Et certaines nuits ils ont vraiment le diable au corps !

120 Je me mets à rire.

– Non mais, tu me prends pour un loupiot ! Je t'en fiche des esprits ! C'étaient des souris, je te le garantis, de grosses souris, des mulots, des rats… Et à propos, qu'est-il arrivé à tes fameux chats, on ne les vois plus ?

125 – On les a laissés partir, si tu veux savoir… Mais, ma parole, tu es complètement obnubilé avec tes rats ! Tu ne sais parler de rien d'autre !…. Après tout cette maison est une maison de campagne, on ne peut tout de même pas prétendre…

Je le dévisage, éberlué : pourquoi se met-il dans une telle 130 colère ? Lui, d'habitude tellement calme, gentil.

Plus tard c'est encore Giorgio, le fils aîné, qui me fait le point de la situation.

– N'écoute pas papa, me dit-il. Tu as bel et bien entendu des rats, parfois nous n'arrivons pas à nous endormir, nous non 135 plus. Si tu les voyais, ce sont des monstres, oui : noirs comme du charbon, les poils aussi drus que des branches… Et si tu veux le savoir, les chats : eh bien, ce sont eux qui les ont fait disparaître… C'est arrivé pendant la nuit. On dormait depuis un bon bout de temps quand, soudain, des miaulements

140 épouvantables nous ont réveillés. Il y avait un vrai sabbat dans le salon ! On a tous sauté du lit, mais on n'a plus trouvé nos chats… Rien que des touffes de poils… des traces de sang un peu partout.

– Vous ne faites donc rien ? Les souricières ? Le poison ? Je ne comprends pas que ton père ne s'occupe pas de…

145 – Si ! C'est même devenu son cauchemar. Mais il a peur maintenant, lui aussi. Il prétend qu'il vaut mieux ne pas les provoquer, que ce serait pis encore. Il dit que cela ne servirait à rien d'ailleurs, qu'ils sont trop nombreux désormais… Il dit que la seule chose à faire serait de mettre le feu à la

150 baraque… Et puis, et puis tu sais ce qu'il dit ? C'est peut-être idiot, mais il dit qu'il vaut mieux ne pas se mettre trop ouvertement contre eux…

– Contre qui ?

– Contre eux, les rats. Il dit qu'un jour ou l'autre, quand

155 ils seront encore plus nombreux, ils pourraient bien se venger… Je me demande, des fois, si papa n'est pas en train de devenir un peu fou. Est-ce que tu penses qu'un soir je l'ai surpris en train de jeter une grosse saucisse dans la cave ? Un amuse-gueule pour les chères petites bêtes ! Il les déteste mais

160 il les craint. Et il ne veut pas les contrarier.

Cela dura des années. Jusqu'à l'été dernier où j'attendis en vain que la sarabande habituelle se déchaînât au-dessus de ma tête. Le silence, enfin. Une grande paix. Rien que la voix des grillons dans le jardin.

165 Le lendemain matin, je rencontrai Giorgio dans l'escalier.

– Mes compliments, lui dis-je. Et comment êtes-vous parvenus à vous en débarrasser ? Cette nuit, il n'y avait pas le moindre souriceau dans tout le grenier.

Giorgio me regarde, avec un sourire incertain. Puis :

170 – Viens donc, viens donc, fait-il. Viens donc voir un peu…

Il me conduit dans la cave, près d'une trappe recouverte d'une grosse planche.

– Ils sont là-dessous maintenant, murmure-t-il. Depuis plusieurs mois, ils se sont tous réunis là, dans l'égout. Très
175 peu se promènent dans la maison. Ils sont là, écoute…

Il se tait. Et un bruit difficilement racontable me parvient : foisonnement, tapage sourd, bourdonnement d'une matière en ébullition, en fermentation ; et des voix aussi, de petits cris aigus, des sifflements, des murmures.

180 – Combien sont-il donc ? demandai-je avec un frisson.

– Qui peut savoir ? Peut-être des millions… Regarde maintenant. Mais fais vite.

Il gratte une allumette, soulève la planche, jette l'allumette dans le trou. Je vois tout, en un éclair : dans une sorte de
185 caverne, un grouillement forcené de formes noires se chevauchant frénétiquement. Et dans cet abominable tumulte une puissance, une vitalité infernale, que nul n'aurait pu stopper. Les rats ! J'aperçois aussi des yeux, des milliers et des milliers de regards, tournés vers le haut, me fixant méchamment. Mais
190 Giorgio referme en hâte le couvercle.

Et maintenant ? Pourquoi Giovanni m'a-t-il écrit qu'il ne pouvait plus m'inviter ? Qu'est-il arrivé ? Je sens l'envie me prendre de faire une visite là-bas, quelques minutes à peine suffiraient, pour savoir, rien de plus. Mais je l'avoue, je n'en
195 ai pas le courage. De plusieurs côtés, on me raconte des choses étranges. Étranges à tel point que ceux qui les rapportent en rient comme de fables. Moi, je ne ris pas.

On raconte par exemple que le grand-père et la grand-mère Corio sont morts. On raconte que plus personne ne sort de
200 la maison, et que c'est un homme du village qui apporte les vivres, mais qu'il laisse son paquet à la limite du bois. On raconte que personne ne peut plus entrer dans la maison ; que des rats énormes l'occupent : et que la famille Corio est leur esclave désormais.

205   Un paysan qui s'est approché – mais pas trop, parce qu'une
douzaine de ces sales bêtes s'étaient installées sur le seuil de
la maison dans une attitude menaçante – prétend avoir entrevu
Mme Élena Corio, la femme de mon ami, cette douce, cette
aimable personne. Elle se trouvait à la cuisine, près du feu,
210   vêtue comme une serve. Elle s'affairait près d'un immense
chaudron, tandis que des grappes entières de rats la harce-
laient, avides de manger. Elle semblait très lasse, abattue. En
apercevant l'homme, elle lui fit des mains un geste désolé,
semblant vouloir dire : « Ne vous frappez pas, c'est trop tard.
215   L'espoir pour nous est mort désormais. »

Dino Buzzati, « Les Souris »,
in *L'Écroulement de la Baliverna*
© Arnoldo Mondadori Editore, 1954.
© Robert Laffont, 1960, pour la traduction française.

Questions

Repérer et analyser

Le narrateur et les événements racontés

1 Identifiez le statut du narrateur. Le narrateur est-il le personnage principal ou un témoin ?

2 **a.** Identifiez les temps verbaux du premier paragraphe. En quoi sont-ils en rapport avec la situation d'énonciation ?

b. À partir de quelle ligne y a-t-il retour en arrière ? Quels sont les temps utilisés ? À quelle ligne y a-t-il retour au présent ?

3 Dans quel état d'esprit le narrateur se trouve-t-il au début de la nouvelle ? Appuyez-vous sur le type de phrases utilisé.

4 Résumez en quelques phrases l'histoire racontée.

5 Dans quel pays et à quelle époque l'action se situe-t-elle ? Le cadre est-il réaliste ? Justifiez votre réponse.

6 Sur combien d'années approximativement l'action se déroule-t-elle ? Pour répondre, relevez les connecteurs de temps.

Le phénomène fantastique

7 Quels sont les détails remarqués par le narrateur lors de ses premières visites à la Doganella ? En quoi sont-ils insolites ?

8 **a.** Relevez les termes qui caractérisent les souris, puis les rats (nombre, taille, caractéristiques physiques).

b. En quoi peut-on dire que l'action progresse crescendo (en s'amplifiant) ? Quel est l'effet produit ?

9 **a.** Sur quelle situation finale le récit s'achève-t-il ?

b. En quoi la métamorphose des souris et des rats présente-t-elle une dimension fantastique ?

Les réactions des personnages

10 **a.** Quelle attitude les parents Corio adoptent-ils face au phénomène ? De quelle façon leur attitude évolue-t-elle ?

b. En quoi leur fils Giorgio se distingue-t-il d'eux ? Quelle est sa position face au phénomène ? Quel jugement porte-t-il sur le comportement de son père ?

11 a. « J'aurais facilement pu l'attraper » (l. 20-21) : identifiez le mode et le temps verbal. Indiquez sa valeur. Quelle suite cette expression laisse-t-elle présager ?

b. Quel sentiment le narrateur éprouve-t-il tout au long du récit ?

La chute

12 Dans quelle situation les Corio se retrouvent-ils à la fin de l'histoire ?

13 « On raconte » (l. 198) : à qui le pronom « on » renvoie-t-il ? Le narrateur se montre-t-il sûr de ce qui est rapporté ? Justifiez.

14 En quoi la fin de la nouvelle se montre-t-elle caractéristique d'une fin de récit fantastique ? Quelles explications le lecteur peut-il donner au phénomène décrit ?

La visée

15 Que peuvent symboliser les rats ? Que peut, selon vous, symboliser la passivité des Corio ?

16 Dans quel contexte géographique et historique l'histoire est-elle ancrée ? Documentez-vous sur cette période. En quoi ce contexte peut-il orienter l'interprétation de la nouvelle ?

17 Quel sens donnez-vous à la dernière phrase (l. 215) ?

18 a. « Petits faits qui me semblaient alors banals, indifférents » (l. 10-11) : sur quel processus Buzzati cherche-t-il à faire réfléchir le lecteur dans cette nouvelle ?

b. Quel écho cette nouvelle peut-elle trouver dans le monde actuel ?

Écrire

19 Imaginez un récit fantastique dans lequel un animal (chat, rat, serpent…) joue un rôle maléfique. Vous intégrerez une description sur les aspects inquiétants de l'animal.

S'exprimer à l'oral

20 Présentez à la classe une autre nouvelle de Buzzati : *Le K*.

Julio Cortazar

Axolotl (1959)

Il fut une époque où je pensais beaucoup aux axolotls. J'allais les voir à l'aquarium du Jardin des Plantes et je passais des heures à les regarder, à observer leur immobilité, leurs mouvements obscurs. Et maintenant je suis un axolotl.

5 Le hasard me conduisit vers eux un matin de printemps où Paris déployait sa queue de paon après le lent hiver. Je descendis le boulevard de Port-Royal, le boulevard Saint-Marcel, celui de l'Hôpital, je vis les premiers verts parmi tout le gris et je me souvins des lions. J'étais très ami des lions et des panthères, 10 mais je n'étais jamais entré dans l'enceinte humide et sombre des aquariums. Je laissai ma bicyclette contre les grilles et j'allai voir les tulipes. Les lions étaient laids et tristes et ma panthère dormait. Je me décidai pour les aquariums et, après avoir regardé avec indifférence des poissons ordinaires, je tombai 15 par hasard sur les axolotls. Je passai une heure à les regarder, puis je partis, incapable de penser à autre chose.

À la Bibliothèque Sainte-Geneviève je consultai un dictionnaire et j'appris que les axolotls étaient les formes larvaires, pourvues de branchies, de batraciens du genre amblystone. 20 Qu'ils étaient originaires du Mexique, je le savais déjà, rien qu'à voir leur petit visage aztèque. Je lus qu'on en avait trouvé des spécimens en Afrique capables de vivre hors de l'eau pendant les périodes de sécheresse et qui reprenaient leur vie normale à la saison des pluies. On donnait leur nom espagnol, *ajolote*, 25 on signalait qu'ils étaient comestibles et qu'on utilisait leur huile (on ne l'utilise plus) comme l'huile de foie de morue.

Je ne voulus pas consulter d'ouvrages spécialisés mais je revins le jour suivant au Jardin des Plantes. Je pris l'habitude

d'y aller tous les matins, et parfois même matin et soir. Le
30 gardien des aquariums souriait d'un air perplexe en prenant
mon ticket. Je m'appuyais contre la barre de fer qui borde les
aquariums et je regardais les axolotls. Il n'y avait rien d'étrange
à cela ; dès le premier instant j'avais senti que quelque chose
me liait à eux, quelque chose d'infiniment lointain et oublié
35 qui cependant nous unissait encore. Il m'avait suffi de m'arrêter un matin devant cet aquarium où des bulles couraient
dans l'eau. Les axolotls s'entassaient sur l'étroit et misérable
(personne mieux que moi ne sait à quel point il est étroit et
misérable) fond de pierre et de mousse. Il y en avait neuf, la
40 plupart d'entre eux appuyaient leur tête contre la vitre et regardaient de leurs yeux d'or ceux qui s'approchaient. Troublé,
presque honteux, je trouvais qu'il y avait de l'impudeur à se
pencher sur ces formes silencieuses et immobiles entassées au
fond de l'aquarium. Mentalement j'en isolai un, un peu à
45 l'écart sur la droite, pour mieux l'étudier. Je vis un petit corps
rose, translucide[1] (je pensai aux statuettes chinoises en verre
laiteux), semblable à un petit lézard de quinze centimètres,
terminé par une queue de poisson d'une extraordinaire déli-
catesse — c'est la partie la plus sensible de notre corps. Sur
50 son dos, une nageoire transparente se rattachait à la queue ;
mais ce furent les pattes qui me fascinèrent, des pattes d'une
incroyable finesse, terminées par de tout petits doigts avec
des ongles — absolument humains, sans pourtant avec la
forme de la main humaine — mais comment aurais-je pu
55 ignorer qu'ils étaient humains ? C'est alors que je découvris
leurs yeux, leur visage. Un visage inexpressif sans autre trait
que les yeux, deux orifices comme des têtes d'épingle entièrement d'or transparent, sans aucune vie, mais qui regardaient
et se laissaient pénétrer par mon regard qui passait à travers
60 le point doré et se perdait dans un mystère diaphane[2].

| **1.** Qui laisse un peu passer la lumière. | **2.** Transparent. |

Un très mince halo[3] noir entourait l'œil et l'inscrivait dans la chair rose, dans la pierre rose de la tête vaguement triangulaire, aux contours courbes et irréguliers, qui la faisaient ressembler à une statue rongée par le temps. La bouche était dissimulée
65 par le plan triangulaire de la tête et ce n'est que de profil que l'on s'apercevait qu'elle était très grande. Vue de face c'était une fine rainure[4], comme une fissure dans de l'albâtre[5]. De chaque côté de la tête, à la place des oreilles, se dressaient de très petites branches rouges comme du corail, une excrois-
70 sance végétale, les branchies, je suppose. C'était la seule chose qui eût l'air vivante dans ce corps. Chaque vingt secondes elles se dressaient, toutes raides, puis s'abaissaient de nouveau. Parfois une patte bougeait, à peine, et je voyais les doigts minuscules se poser doucement sur la mousse. C'est que nous
75 n'aimons pas beaucoup bouger, l'aquarium est si étroit; si peu que nous remuions nous heurtons la tête ou la queue d'un autre; il s'ensuit des difficultés, des disputes, de la fatigue. Le temps se sent moins si l'on reste immobile.

Ce fut leur immobilité qui me fit me pencher vers eux,
80 fasciné, la première fois que je les vis. Il me sembla comprendre obscurément leur volonté secrète: abolir l'espace et le temps par une immobilité pleine d'indifférence. Par la suite, j'appris à mieux les comprendre, les branchies qui se contractent, les petites pattes fines qui tâtonnent sur les pierres, leurs fuites
85 brusques (ils nagent par une simple ondulation du corps) me prouvèrent qu'ils étaient capables de s'évader de cette torpeur[6] minérale où ils passaient des heures entières. Leurs yeux surtout m'obsédaient. À côté d'eux, dans les autres aqua-riums, des poissons me montraient la stupide simplicité de
90 leurs beaux yeux semblables aux nôtres. Les yeux des axolotls

---

3. Cercle lumineux.
4. Entaille.

5. Pierre blanche.
6. Engourdissement, immobilité.

me parlaient de la présence d'une vie différente, d'une autre façon de regarder. Je collais mon visage à la vitre (le gardien, inquiet, toussait de temps en temps) pour mieux voir les tout petits points dorés, cette ouverture sur le monde infiniment
95 lent et éloigné des bêtes roses. Inutile de frapper du doigt contre la vitre, sous leur nez, jamais la moindre réaction. Les yeux d'or continuaient à brûler de leur douce et terrible lumière, continuaient à me regarder du fond d'un abîme insondable qui me donnait le vertige.

100   Et cependant les axolotls étaient proches de nous. Je le savais avant même de devenir un axolotl. Je le sus dès le jour où je m'approchai d'eux pour la première fois. Les traits anthropomorphiques[7] d'un singe accusent la différence qu'il y a entre lui et nous, contrairement à ce que pensent la plupart des gens.
105 L'absence totale de ressemblance entre un axolotl et un être humain me prouva que ma reconnaissance était valable, que je ne m'appuyais pas sur des analogies[8] faciles. Il y avait bien les petites mains. Mais un lézard a les mêmes mains et ne ressemble en rien à l'homme. Je crois que tout venait de la
110 tête des axolotls, de sa forme triangulaire rose et de ses petits yeux d'or. Cela regardait et savait. Cela réclamait. Les axolotls n'étaient pas des animaux.

De là à tomber dans la mythologie, il n'y avait qu'un pas, facile à franchir, presque inévitable. Je finis par voir dans les
115 axolotls une métamorphose qui n'arrivait pas à renoncer tout à fait à une mystérieuse humanité. Je les imaginais conscients, esclaves de leur corps, condamnés indéfiniment à un silence abyssal[9], à une méditation désespérée. Leur regard aveugle, le petit disque d'or inexpressif — et cependant terriblement
120 lucide — me pénétrait comme un message : « Sauve-nous, sauve-nous. » Je me surprenais en train de murmurer

---

7. Qui donnent l'image de l'homme.   **9.** Des profondeurs.
8. Ressemblances.

des paroles de consolation, de transmettre des espoirs puérils. Ils continuaient à me regarder, immobiles. Soudain les petites branches roses se dressaient sur leur tête, et je sentais à ce
125 moment-là comme une douleur sourde. Ils me voyaient peut-être, ils captaient mes efforts pour pénétrer dans l'impénétrable de leur vie. Ce n'était pas des êtres humains mais jamais je ne m'étais senti un rapport aussi étroit entre des animaux et moi. Les axolotls étaient comme les témoins de quelque
130 chose et parfois ils devenaient de terribles juges. Je me trouvais ignoble devant eux, il y avait dans ces yeux transparents une si effrayante pureté. C'était des larves, mais larve veut dire masque et aussi fantôme. Derrière ces visages aztèques, inexpressifs, et cependant d'une cruauté implacable,
135 quelle image attendait son heure ?

Ils me faisaient peur. Je crois que sans la présence du gardien et des autres visiteurs je n'aurais jamais osé rester devant eux. « Vous les mangez des yeux », me disait le gardien en riant, et il devait penser que je n'étais pas tout à fait normal. Il ne
140 se rendait pas compte que c'était eux qui me dévoraient lentement des yeux, en un cannibalisme d'or. Loin d'eux je ne pouvais penser à autre chose, comme s'ils m'influençaient à distance. Je finis par y aller tous les jours et la nuit je les imaginais immobiles dans l'obscurité, avançant lentement une petite
145 patte qui rencontrait soudain celle d'un autre. Leurs yeux voyaient peut-être la nuit et le jour pour eux n'avait pas de fin. Les yeux des axolotls n'ont pas de paupières.

Maintenant je sais qu'il n'y a rien eu d'étrange dans tout cela, que cela devait arriver. Ils me reconnaissaient un peu plus chaque
150 matin quand je me penchais vers l'aquarium. Ils souffraient. Chaque fibre de mon corps enregistrait cette souffrance bâillonnée, cette torture rigide au fond de l'eau. Ils épiaient quelque chose, un lointain royaume aboli, un temps de liberté où le monde avait appartenu aux axolotls. Une expression aussi

155 terrible qui arrivait à vaincre l'impassibilité[10] forcée de ces visages
de pierre contenait sûrement un message de douleur, la preuve
de cette condamnation éternelle, de cet enfer liquide qu'ils endu-
raient. En vain essayai-je de me persuader que c'était ma propre
sensibilité qui projetait sur les axolotls une conscience qu'ils
160 n'avaient pas. Eux et moi nous savions. C'est pour cela que ce
qui arriva n'est pas étrange. Je collai mon visage à la vitre de
l'aquarium, mes yeux essayèrent une fois de plus de percer le
mystère de ces yeux d'or sans iris et sans pupille. Je voyais de
très près la tête d'un axolotl immobile contre la vitre. Sans tran-
165 sition, sans surprise, je vis mon visage contre la vitre, je le vis
hors de l'aquarium, je le vis de l'autre côté de la vitre. Puis mon
visage s'éloigna et je compris. Une seule chose était étrange :
continuer à penser comme avant, savoir. Quand j'en pris
conscience, je ressentis l'horreur de celui qui s'éveille enterré
170 vivant. Au-dehors, mon visage s'approchait à nouveau de la
vitre, je voyais ma bouche aux lèvres serrées par l'effort que je
faisais pour comprendre les axolotls. J'étais un axolotl et je
venais de savoir en un éclair qu'aucune communication n'était
possible. Il était hors de l'aquarium, sa pensée était une pensée
175 hors de l'aquarium. Tout en le connaissant, tout en étant lui-
même, j'étais un axolotl et j'étais dans mon monde. L'horreur
venait de ce que — je le sus instantanément — je me croyais
prisonnier dans le corps d'un axolotl, transféré en lui avec ma
pensée d'homme, enterré vivant dans un axolotl, condamné à
180 me mouvoir en toute lucidité[11] parmi des créatures insensibles.
Mais cette impression ne dura pas, une patte vint effleurer mon
visage et en me tournant un peu je vis un axolotl à côté de moi
qui me regardait et je compris que lui aussi savait, sans communication possible mais si clairement. Ou bien j'étais encore en
185 l'homme, ou bien nous pensions comme des êtres humains,

---

10. Caractère de celui qui ne donne aucun
signe d'émotion. | **11.** Conscience, clairvoyance, perspicacité.

incapables de nous exprimer, limités à l'éclat doré de nos yeux qui regardaient ce visage d'homme collé à la vitre.

190 Il revint encore plusieurs fois mais il vient moins souvent à présent. Des semaines se passent sans qu'on le voie. Il est venu hier, il m'a regardé

195 longuement et puis il est parti brusquement. Il me semble que ce n'est plus à nous qu'il s'intéresse, qu'il obéit plutôt à une habitude. Comme penser est la seule chose que je puisse faire, je pense beaucoup à lui. Pendant un certain temps nous avons continué d'être en
200 communication lui et moi, et il se sentait plus que jamais lié au mystère qui l'obsédait. Mais les ponts sont coupés à présent, car ce qui était son obsession est devenu un axolotl, étranger à sa vie d'homme. Je crois qu'au début je pouvais encore revenir en lui, dans une certaine mesure — ah! seulement dans une
205 certaine mesure — et maintenir éveillé son désir de mieux nous connaître. Maintenant je suis définitivement un axolotl et si je pense comme un être humain c'est tout simplement parce que les axolotls pensent comme les humains sous leur masque de pierre rose. Il me semble que j'étais arrivé à lui communi-
210 quer cette vérité, les premiers jours, lorsque j'étais encore en lui. Et dans cette solitude finale vers laquelle il ne revient déjà plus, cela me console de penser qu'il va peut-être écrire quelque chose sur nous; il croira qu'il invente un conte et il écrira tout cela sur les axolotls.

Julio Cortazar in *Les Armes secrètes*,
traduit de l'espagnol par Laure Grülle-Bataillon,
© Éd. Gallimard, 1963 pour la traduction française.

Questions

Repérer et analyser

La situation d'énonciation

1 Identifiez le statut du narrateur et le point de vue adopté ici.

2 Sous quelle forme ce narrateur se présente-t-il dès le début ?

3 **a.** Relevez des passages renvoyant au moment de l'énonciation.
b. À partir de quelle ligne le récit présente-t-il un retour en arrière ? Repérez le connecteur temporel qui marque ce retour en arrière. À quel temps les verbes sont-ils conjugués ?
c. À quelle ligne y a-t-il retour au présent d'énonciation ?

4 Dans quels lieux précis et à quelle époque l'action de la nouvelle se situe-t-elle ? S'agit-il d'un cadre réaliste ?

Les événements racontés

5 Repérez les passages où il est question des axolotls. Relevez les termes qui les caractérisent (milieu de vie, forme, taille, couleurs, habitudes).

6 Quel sentiment le narrateur éprouve-t-il à leur égard ? Montrez qu'il passe de l'intérêt scientifique à la fascination totale.

Le phénomène fantastique

7 Dans quelles circonstances la métamorphose se produit-elle ? Est-elle réversible ?

8 « Eux et moi nous savions [...] collé à la vitre » (l. 160 à 189) : observez dans ce passage le jeu des pronoms de première personne et de troisième personne. Qui ces pronoms désignent-ils ? Dans quelle situation le narrateur se trouve-t-il ?

9 Quels sont les sentiments du narrateur pendant la métamorphose ?

La visée

10 « Les axolotls n'étaient pas des animaux » (l. 111-112) : qui sont-ils selon le narrateur ? Relevez d'autres passages explicitant cette idée et rappelez l'étymologie du mot « larve ».

11 Que signifie la métamorphose du narrateur? Sur quelle vision de la condition humaine cette nouvelle s'achève-t-elle?

12 Le monde extérieur est-il touché par la présence du surnaturel? En quoi le fantastique de cette nouvelle se distingue-t-il de celui que vous avez rencontré dans les nouvelles précédemment lues ou étudiées?

Écrire

13 À la manière de Julio Cortazar ou de Franz Kafka (voir *La Métamorphose*), imaginez un début de récit fantastique dans lequel le narrateur ou le personnage principal a déjà fait l'objet d'une métamorphose. Vous développerez ce début en quelques lignes, que vous lirez ensuite à vos camarades.

14 À partir d'une des expressions suivantes (« avoir la chair de poule », « courir comme un lièvre », « mener une vie de chien », « faire le singe », « faire l'autruche »), rédigez le récit d'une métamorphose.

Vous pouvez faire un récit à la première ou à la troisième personne. Vous développerez les sentiments éprouvés par le personnage qui subit la métamorphose, vous veillerez à donner une visée à cette métamorphose (accomplissement de la personne ou punition) et vous donnerez une fin à votre récit (retour à la normale ou irréversibilité du processus).

Lire et comparer

Extrait de *Dr Jekyll et M. Hyde*, Stevenson

Le Dr Jekyll, savant renommé, a fait d'étranges recherches et a mis au point une drogue lui permettant de se métamorphoser à volonté en un petit homme laid et cruel, Hyde, qui commet toutes sortes d'actes pervers. Cette double vie se poursuit sans encombres jusqu'au jour où la métamorphose échappe au contrôle de Jekyll: Hyde réapparaît de lui-même et s'impose de plus en plus.

La puissance de la drogue n'avait pas toujours été régulière. Une

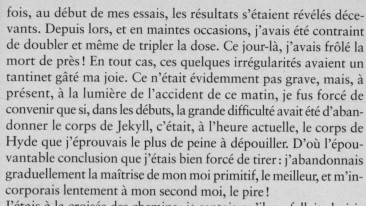

fois, au début de mes essais, les résultats s'étaient révélés décevants. Depuis lors, et en maintes occasions, j'avais été contraint de doubler et même de tripler la dose. Ce jour-là, j'avais frôlé la mort de près ! En tout cas, ces quelques irrégularités avaient un tantinet gâté ma joie. Ce n'était évidemment pas grave, mais, à présent, à la lumière de l'accident de ce matin, je fus forcé de convenir que si, dans les débuts, la grande difficulté avait été d'abandonner le corps de Jekyll, c'était, à l'heure actuelle, le corps de Hyde que j'éprouvais le plus de peine à dépouiller. D'où l'épouvantable conclusion que j'étais bien forcé de tirer : j'abandonnais graduellement la maîtrise de mon moi primitif, le meilleur, et m'incorporais lentement à mon second moi, le pire !

J'étais à la croisée des chemins ; je sentais qu'il me fallait choisir entre les deux personnes. Le seul caractère commun de ma double nature était la mémoire. Quant aux autres facultés, elles étaient inégalement réparties entre les deux moitiés de mon moi.

Jekyll, l'hybride, tantôt avec les plus grandes appréhensions, tantôt avec une avidité singulière, projetait et partageait tous les plaisirs et toutes les aventures de Hyde. Au contraire, Hyde ne s'intéressait pas à Jekyll ou ne s'en souvenait qu'à l'occasion, un peu à la façon d'un bandit de grand chemin qui se rappelle la caverne où il se dissimule à la curiosité des gendarmes. Jekyll avait pour Hyde l'intérêt d'un père ; Hyde avait pour Jekyll l'indifférence d'un fils. Me rallier à Jekyll revenait à renoncer à toutes les satisfactions sensuelles que je m'étais, pendant si longtemps, secrètement offertes et dont je m'étais, par degré, fait des habitudes. Me rallier à Hyde, c'était mourir à un millier d'intérêts et d'aspirations et me muer, d'un seul coup et pour jamais, en un être méprisé et sans amis.

R. L. Stevenson, *Dr Jekyll et M. Hyde*,
trad. C.-A. Reichen, Éd. Marabout.

---

15 Comparez la métamorphose du Docteur Jekyll avec celle du narrateur de *Axolotl* (cause, processus, réaction, état final).

a. Quand peut-on parler d'un dédoublement de la personnalité ?

b. Que révèle la métamorphose de Jekyll sur sa personnalité ?

Richard Matheson

Le Jeu du bouton (1970)

Le paquet était déposé sur le seuil : un cartonnage cubique clos par une simple bande gommée, portant leur adresse en capitales écrites à la main : *Mr. et Mrs. Arthur Lewis, 217E 37'Rue, New York*. Norma le ramassa, tourna la clé dans la
5 serrure et entra. La nuit tombait.

Quand elle eut mis les côtelettes d'agneau à rôtir, elle se confectionna un martini-vodka et s'assit pour défaire le paquet.

Elle y trouva une petite boîte en contreplaqué munie d'un bouton de commande. Ce bouton était protégé par un petit
10 dôme de verre. Norma essaya de l'ôter, mais il était solidement rivé. Elle renversa la boîte et vit une feuille de papier pliée, collée avec du scotch sur le fond de la caissette. Elle lut ceci : *Mr. Steward se présentera chez vous ce soir à vingt heures*.

Norma plaça la boîte à côté d'elle sur le sofa. Elle savoura
15 son martini et relut en souriant la phrase dactylographiée.

Peu après, elle regagna la cuisine pour éplucher la salade.

À huit heures précises, le timbre de la porte retentit. « J'y vais », déclara Norma. Arthur était installé avec un livre dans la salle de séjour.
20 Un homme de petite taille se tenait sur le seuil. Il ôta son chapeau. « Mrs. Lewis ? » s'enquit-il poliment.

– C'est moi.

– Je suis Mr. Steward.

– Ah ! bien. Norma réprima un sourire. Le classique repré-
25 sentant, elle en était maintenant certaine.

– Puis-je rentrer ?

– J'ai pas mal à faire, s'excusa Norma. Mais je vais vous rendre votre joujou. Elle amorça une volte-face.

– Ne voulez-vous pas savoir de quoi il s'agit ?

30   Norma s'arrêta. Le ton de Mr. Steward avait été plutôt sec.

– Je ne pense pas que ça nous intéresse, dit-elle.

– Je pourrais cependant vous prouver sa valeur.

– *En bons dollars ?* riposta Norma.

Mr. Steward hocha la tête.

35   – En bons dollars, certes.

Norma fronça les sourcils. L'attitude du visiteur ne lui plaisait guère. « Qu'essayez-vous de vendre ? » demanda-t-elle.

– Absolument rien, madame.

Arthur sortit de la salle de séjour. « Une difficulté ? »

40   Mr. Steward se présenta.

– Ah ! oui, le… Arthur eut un geste en direction du living. Il souriait. Alors, de quel genre de truc s'agit-il ?

– Ce ne sera pas long à expliquer, dit Mr. Steward. Puis-je entrer ?

45   – Si c'est pour vendre quelque chose…

Mr. Steward fit non de la tête. « Je ne vends rien. »

Arthur regarda sa femme. « À toi de décider », dit-elle.

Il hésita, puis : « Après tout, pourquoi pas ? »

Ils entrèrent dans la salle de séjour et Mr. Steward prit place
50   sur la chaise de Norma. Il fouilla dans une de ses poches et présenta une enveloppe cachetée. « Il y a là une clé permettant d'ouvrir le dôme qui protège le bouton », expliqua-t-il. Il posa l'enveloppe à côté de la chaise. « Ce bouton est relié à notre bureau. »

55   – Dans quel but ? demanda Arthur.

– Si vous appuyez sur le bouton, quelque part dans le monde, en Amérique ou ailleurs, un être humain que vous ne connaissez pas mourra. Moyennant quoi vous recevrez cinquante mille dollars.

60   Norma regarda le petit homme avec des yeux écarquillés. Il souriait toujours.

– Où voulez-vous en venir ? exhala Arthur.

Mr. Steward parut stupéfait. « Mais je viens de vous le dire. » susurra-t-il.

65 – Si c'est une blague, elle n'est pas de très bon goût !

– Absolument pas ! Notre offre est on ne peut plus sérieuse.

– Mais ça n'a pas de sens ! insista Arthur. Vous voudriez nous faire croire…

– Et d'abord, quelle maison représentez-vous ? intervint
70 Norma.

Mr. Steward montra quelque embarras. « C'est ce que je regrette de ne pouvoir vous dire », s'excusa-t-il. « Néanmoins, je vous garantis que notre organisation est d'importance mondiale. »

75 – Je pense que vous feriez mieux de vider les lieux, signifia Arthur en se levant.

Mr. Steward l'imita. « Comme il vous plaira. »

– Et de reprendre votre truc à bouton.

– Êtes-vous certain de ne pas préférer y réfléchir un jour
80 ou deux ?

Arthur prit la boîte et l'enveloppe et les fourra de force entre les mains du visiteur. Puis il traversa le couloir et ouvrit la porte.

– Je vous laisse ma carte, déclara Mr. Steward. Il déposa le bristol sur le guéridon à côté de la porte.

85 Quand il fut sorti, Arthur déchira la carte en deux et jeta les morceaux sur le petit meuble. « Bon Dieu ! » proféra-t-il.

Norma était restée assise dans le living. « De quel genre de truc s'agissait-il en réalité, à ton avis ? »

– C'est bien le cadet de mes soucis ! grommela-t-il.

90 Elle essaya de sourire, mais sans succès. « Cela ne t'inspire aucune curiosité ? »

Il secoua la tête. « Aucune. »

Une fois qu'Arthur eut repris son livre, Norma alla finir la vaisselle.

95 – Pourquoi ne veux-tu plus en parler ? demanda Norma.

Arthur, qui se brossait les dents, leva les yeux et regarda l'image de sa femme reflétée par le miroir de la salle de bains.

– Ça ne t'intrigue donc pas ? insista-t-elle.

– Dis plutôt que ça ne me plaît pas du tout.

100 – Oui, je sais, mais… Norma plaça un nouveau rouleau dans ses cheveux. Ça ne t'intrigue pas quand même ? Tu penses qu'il s'agit d'une plaisanterie ? poursuivit-elle au moment où ils gagnaient leur chambre.

– Si c'en est une, elle est plutôt sinistre.

105 Norma s'assit sur son lit et retira ses mules.

– C'est peut-être une nouvelle sorte de sondage d'opinion.

Arthur haussa les épaules. « Peut-être. »

– Une idée de millionnaire un peu toqué, pourquoi pas ?

– Ça se peut.

110 – Tu n'aimerais pas savoir ?

Arthur secoua la tête.

– *Mais pourquoi ?*

– Parce que c'est immoral, scanda-t-il.

Norma se glissa entre les draps. « Eh bien, moi, je trouve 115 qu'il y a de quoi être intrigué. »

Arthur éteignit, puis se pencha vers sa femme pour l'embrasser.

– Bonne nuit, chérie.

– Bonne nuit.

120 Elle lui tapota le dos.

Norma ferma les yeux. Cinquante mille dollars, songeait-elle.

Le lendemain, en quittant l'appartement, elle vit la carte déchirée sur le guéridon. D'un geste irraisonné, elle fourra les morceaux dans son sac. Puis elle ferma la porte à clé et 125 rejoignit Arthur dans l'ascenseur.

Plus tard, profitant de la pause café, elle sortit les deux

moitiés de bristol et les assembla. Il y avait simplement le nom
de Mr. Steward et son numéro de téléphone.

Après le déjeuner, elle prit encore une fois la carte déchirée
130 et la reconstitua avec du scotch. Pourquoi est-ce que je fais
ça ? se demanda-t-elle.

Peu avant cinq heures, elle composait le numéro.

– Bonjour, modula la voix de Mr. Steward.

Norma fut sur le point de raccrocher, mais passa outre. Elle
135 s'éclaircit la voix. « Je suis Mrs. Lewis », dit-elle.

– Mrs. Lewis, parfaitement.

Mr. Steward semblait fort bien disposé.

– Je me sens curieuse.

– C'est tout naturel, convint Mr. Steward.

140 – Notez que je ne crois pas un mot de ce que vous nous avez
raconté.

– C'est pourtant rigoureusement exact, articula Mr. Steward.

– Enfin, bref… Norma déglutit. Quand vous disiez que quelqu'un sur terre mourrait, qu'entendiez-vous par là ?

145 – Pas autre chose, Mrs. Lewis ? Un être humain, n'importe
lequel. Et nous vous garantissons même que vous ne le
connaissez pas. Et aussi, bien entendu, que vous n'assiste-
riez même pas à sa mort.

– En échange de cinquante mille dollars, insista Norma.

150 – C'est bien cela.

Elle eut un petit rire moqueur. « C'est insensé. »

– Ce n'en est pas moins la proposition que nous faisons.
Souhaitez-vous que je vous réexpédie la petite boîte ?

Norma se cabra. « *Jamais de la vie !* » Elle raccrocha d'un
155 geste rageur.

Le paquet était là, posé près du seuil. Norma le vit en sortant
de l'ascenseur. Quel toupet ! songea-t-elle. Elle lorgna le
cartonnage sans aménité et ouvrit la porte. Non, se dit-elle,

je ne le prendrai pas. Elle entra et prépara le repas du soir.

160 Plus tard, elle alla avec son verre de martini-vodka jusqu'à l'antichambre. Entrebâillant la porte, elle ramassa le paquet et revint dans la cuisine, où elle le posa sur la table.

Elle s'assit dans le living, buvant son cocktail à petites gorgées, tout en regardant par la fenêtre. Au bout d'un
165 moment elle regagna la cuisine pour s'occuper des côtelettes. Elle cacha le paquet au fond d'un des placards. Elle se promit de s'en débarrasser dès le lendemain matin.

– C'est peut-être un millionnaire qui cherche à s'amuser aux dépens des gens, dit-elle.

170 Arthur leva les yeux de son assiette. « Je ne te comprends vraiment pas. »

– Enfin, qu'est-ce que ça peut bien signifier ?

Norma mangea en silence puis, tout à coup, lâcha sa fourchette.

175 Arthur la dévisagea d'un œil effaré.

– *Oui. Si c'était une offre sérieuse ?*

– Admettons. Et alors ? Il ne semblait pas se résoudre à conclure.

– Que ferais-tu ? Tu reprendrais cette boîte, tu presserais le
180 bouton ? Tu accepterais d'assassiner quelqu'un ?

Norma eut une moue méprisante. « *Oh ! Assassiner...* »

– Et comment appellerais-tu ça, toi ?

– Puisqu'on ne connaîtrait même pas la personne ? insista Norma.

185 Arthur montra un visage abasourdi. « Serais-tu en train d'insinuer ce que je crois deviner ? »

– S'il s'agit d'un vieux paysan chinois à quinze mille kilomètres de nous ? Ou d'un nègre famélique du Congo ?

– Et pourquoi pas plutôt un bébé de Pennsylvanie ? rétorqua
190 Arthur. Ou une petite fille de l'immeuble voisin ?

– Ah ! voilà que tu pousses les choses au noir.

– Où je veux en venir, Norma, c'est que peu importe qui serait tué. Un meurtre reste un meurtre.

195 – Et où je veux en venir, moi, c'est que s'il s'agissait d'un être que tu n'as jamais vu et que tu ne verras jamais, d'un être dont tu n'aurais même pas à savoir comment il est mort, tu refuserais malgré tout d'appuyer sur le bouton ?

Arthur regarda sa femme d'un air horrifié.

200 « Tu veux dire que tu accepterais, toi ? »

– Cinquante mille dollars, Arthur.

– Qu'est-ce que ça vient…

– *Cinquante mille dollars*, répéta Norma. L'occasion de faire ce voyage en Europe dont

205 nous avons toujours parlé.

– Norma !

– L'occasion d'avoir notre pavillon en banlieue.

– Non, Norma. Arthur pâlissait. Pour l'amour

210 de Dieu, non !

Elle haussa les épaules. « Allons, calme-toi. Pourquoi t'énerver ? Je ne faisais que supposer. »

Après le dîner, Arthur gagna le living. Au moment de quitter la table, il dit : « Je préfére-

215 rais ne plus en discuter, si tu n'y vois pas d'inconvénient. »

Norma fit un geste insouciant. « Entièrement d'accord. »

K.S. Malevich
(1878-1935) :
Figure de femme,
peinture.

Elle se leva plus tôt que de coutume pour faire des crêpes

220 et les œufs au bacon à l'intention d'Arthur.

– En quel honneur ? demanda-t-il gaiement.

– En l'honneur de rien. Norma semblait piquée. J'ai voulu en faire, rien de plus.

– Bravo, apprécia-t-il. Je suis ravi.

225   Elle lui remplit de nouveau sa tasse. « Je tenais à te prouver que je ne suis pas… » Elle s'interrompit avec un geste désabusé.

– Pas quoi ?

– Égoïste ?

– Ai-je jamais prétendu ça ?

230   – Ma foi… hier soir…

Arthur resta muet.

– Toute cette discussion à propos du bouton, reprit Norma. Je crois que… bref, que tu ne m'as pas comprise…

– Comment cela ?

235   Il y avait de la méfiance dans la question d'Arthur.

– Je crois que tu t'es imaginé… (nouveau geste vague) que je ne pensais qu'à moi seule.

– Oh !

– Et c'est faux.

240   – Norma, je…

– C'est faux, je le répète. Quand j'ai parlé du voyage en Europe, du pavillon…

– Norma ! Pourquoi attacher tant d'importance à cette histoire ?

245   – « Je n'y attache pas d'importance. » Elle s'interrompit, comme si elle avait du mal à trouver son souffle, puis : « J'essaie simplement de te faire comprendre que… »

– Que quoi ?

– Que si je pense à ce voyage, c'est pour nous deux. Que si
250   je pense à un pavillon, c'est pour nous deux. Que si je pense à un appartement plus confortable, à des meubles plus beaux, à des vêtements de meilleure qualité, c'est pour nous deux. Et que si je pense à un bébé puisqu'il faut tout dire, c'est pour nous deux, toujours !

255   – Mais tout cela, Norma, nous l'aurons.

– *Quand ?*

Il la regarda avec désarroi. « Mais tu... »

– *Quand ?*

– Alors, tu... Arthur semblait céder du terrain. Alors, tu
260 penses vraiment...

– Moi ? Je pense que si des gens proposent ça, c'est dans
un simple but d'enquête ! Ils veulent établir le pourcentage de
ceux qui accepteraient ! Ils prétendent que quelqu'un mourra,
mais uniquement pour noter les réactions... culpabilité, inquié-
265 tude, que sais-je ! Tu ne crois tout de même pas qu'ils iraient
vraiment tuer un être humain, voyons ?

Quand il fut parti à son travail, Norma était toujours assise,
les yeux fixés sur sa tasse vide. Je vais être en retard, songea-
t-elle. Elle haussa les épaules. Quelle importance, après tout ?
270 La place d'une femme est au foyer, et non dans un bureau.

Alors qu'elle rangeait la vaisselle, elle abandonna brusquement l'évier, s'essuya les mains et sortit le paquet du
placard. L'ayant défait, elle posa la petite boîte sur la table.
Elle resta longtemps à la regarder avant d'ouvrir l'enveloppe
275 contenant la clé. Elle ôta le dôme de verre. Le bouton, véri-
tablement, la fascinait. Comme on peut être bête ! songea-t-
elle. Tant d'histoires pour un truc qui ne rime à rien.

Elle avança la main, posa le bout du doigt... et appuya. Pour
nous deux, se répéta-t-elle rageusement.
280 Elle ne put quand même s'empêcher de frémir. Est-ce que,
malgré tout ?.... Un frisson glacé la parcourut.

Un moment plus tard, c'était fini. Elle eut un petit rire
ironique. Comme on peut être bête ! Se monter la tête pour
des billevesées !
285 Elle jeta la boîte à la poubelle et courut s'habiller pour partir
à son travail.

Elle venait de mettre la viande du soir à griller et de se
préparer son habituel martini-vodka quand le téléphone
sonna. Elle décrocha.

290   – Allô.

– Mrs. Lewis ?

– C'est elle-même.

– Ici l'hôpital de Lenox Hill.

Elle crut vivre un cauchemar à mesure que la voix l'infor-
295 mait de l'accident survenu dans le métro : la cohue sur le quai,
son mari bousculé, déséquilibré, précipité sur la voie à l'instant même où une rame arrivait. Elle avait conscience de
hocher la tête, mécaniquement, sans pouvoir s'arrêter.

Elle raccrocha. Alors seulement elle se rappela l'assurance-
300 vie souscrite par Arthur : une prime de 25 000 dollars, une
clause de double indemnité en cas de…

Alors elle fracassa la boîte contre le bord de l'évier. Elle
frappa à coups redoublés, de plus en plus fort, jusqu'à ce
que le bois eût éclaté. Elle arracha les débris, insensible aux
305 coupures qu'elle se faisait. La caissette ne contenait rien. Pas
le moindre fil. Elle était vide.

Quand le téléphone sonna, Norma suffoqua, comme une
personne qui se noie. Elle vacilla jusqu'au living-room, saisit
le récepteur.

310   – Mrs Lewis ? articula doucement Mr. Steward.

Était-ce bien sa voix à elle qui hurlait ainsi ? Non, impossible !

– *Vous m'aviez bien dit que je ne connaîtrais pas la personne
qui devait mourir ?*

315   – Mais, chère madame, objecta Mr. Steward, croyez-vous
vraiment que vous connaissiez votre mari ?

Richard Matheson, *Le Jeu du bouton*, 1970, DR.

Questions

Repérer et analyser

Le statut du narrateur et le point de vue

1 Identifiez le statut du narrateur.

2 **a.** Selon quel point de vue dominant le récit est-il mené?

b. Le narrateur adopte parfois le point de vue d'un personnage. Lequel? Relevez quelques passages à l'appui de votre réponse. Quel est l'effet produit?

Le cadre spatio-temporel

3 Relevez les indications spatiales. Quel pays et quels lieux précis servent de cadre à l'action?

4 **a.** À quelle époque l'histoire se situe-t-elle? Justifiez.

b. Relevez les indications de temps et évaluez la durée de l'histoire.

Les éléments du fantastique

5 **a.** Relevez les termes qui caractérisent le personnage de Mr Steward.

b. Quelle attitude adopte-t-il à l'égard du couple? En quoi cette attitude peut-elle paraître étrange? Appuyez-vous notamment sur les verbes de parole.

c. « Néanmoins, je vous garantis que notre organisation est d'importance mondiale » (l. 72 à 74): de quelle organisation s'agit-il, selon vous? Quelle est la véritable identité de Mr Steward?

6 **a.** Relevez les termes qui désignent et caractérisent l'objet apporté par Mr Steward.

b. Quel marché Mr Steward est-il venu proposer? Citez précisément le passage. En quoi ce marché est-il tentant?

La réaction des personnages

7 Quelle est la première réaction des Lewis? Quelle première explication donnent-ils à la proposition qui leur a été faite?

8 **a.** Par quel sentiment Norma est-elle peu à peu envahie?

b. Retrouvez les étapes de la progression de sa tentation.

9 **a.** Montrez, en vous appuyant sur le texte, que les deux époux sont en désaccord. Relevez, en les inscrivant sur deux colonnes, les arguments utilisés par chacun des deux personnages.
b. Pour quel personnage la proposition faite par Mr Steward apparaît-elle comme la transgression d'un interdit ? Justifiez votre réponse par des citations précises.

La chute

10 À quoi Norma se décide-t-elle finalement ?
11 Comment le marché proposé par Mr Steward se réalise-t-il ?
12 Quel sentiment Norma éprouve-t-elle (l. 290 à la fin) ?
13 En quoi le dénouement est-il caractéristique du genre fantastique ? Quelle explication rationnelle le lecteur peut-il donner à l'histoire ? Quelle interprétation surnaturelle peut-il choisir ?

La visée

14 Quels sont les rêves de Norma ? À quoi sacrifie-t-elle une vie ? Quelles valeurs représente-t-elle ?
15 Relisez les dernières paroles de Mr Steward et de Norma. Dans quel sens le verbe « connaître » est-il utilisé par chacun des personnages ? Aidez-vous du dictionnaire. Que suggère Mr Steward ?
16 En quoi cette nouvelle a-t-elle une visée morale et philosophique ? Appuyez-vous sur les réponses aux questions 14 et 15.

Étudier la langue

17 **a.** Cherchez l'étymologie du mot « diable ».
b. Trouvez d'autres dénominations pour désigner le personnage du diable.
c. Cherchez le sens des expressions suivantes : « tirer le diable par la queue » ; « avoir le diable au corps » ; « se faire l'avocat du diable » ; « habiter au diable vauvert » ; « envoyer quelqu'un à tous les diables ».

Écrire

18 Vous trouvez un texte écrit sur un vieux parchemin dans un grenier abandonné qui peut vous aider à réaliser vos souhaits les plus chers, mais en même temps vous hésitez à vous en servir. Un inconnu apparaît alors : il vous incite à accepter le marché. Rédigez le récit de cette rencontre qui peut se terminer sur votre accord ou votre refus.

S'exprimer à l'oral

19 Faites une recherche sur le personnage de Faust. Quel pacte a-t-il conclu ? Avec qui ? Dans quel but ? Présentez le résultat de votre recherche oralement à vos camarades.

Se documenter

Le thème du pacte

Le narrateur se rend, muni d'une lettre de recommandation chez M. Thomas John, un homme riche et influent. Celui-ci organise ce jour-là une réception au cours de laquelle le narrateur remarque le comportement étrange d'un « homme en habit gris ».

« En me retournant, j'aperçus l'homme en habit gris, qui me suivait et venait à moi. Il m'ôta d'abord son chapeau, et s'inclina plus profondément que jamais personne n'avait fait devant moi.

Il était clair qu'il voulait me parler, et je ne pouvais plus l'éviter sans impolitesse. Je lui ôtai donc aussi mon chapeau et lui rendis son salut. Je restai la tête nue, en plein soleil, immobile comme si j'eusse pris racine sur le sol ; je le regardais fixement, avec une certaine crainte, et je ressemblais à l'oiseau que le regard du serpent a fasciné ; lui-même paraissait embarrassé ; il n'osait lever les yeux, et s'avançait en s'inclinant à différentes reprises. Enfin, il m'aborde et m'adresse ces paroles à voix basse, et du ton indécis qui aurait convenu à un pauvre honteux :

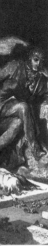

« Monsieur daignera-t-il excuser mon importunité, si, sans avoir l'honneur d'être connu de lui, j'ose me hasarder à l'aborder ? J'aurais une humble prière à lui faire. Si Monsieur voulait me faire la grâce…

– Mais, au nom de Dieu, Monsieur, – m'écriai-je en l'interrompant dans mon anxiété, – que puis-je pour un homme qui… ? »

Nous demeurâmes court tous les deux, et je crois que la rougeur nous monta également au visage.

Après un intervalle de silence, il reprit la parole :

« Pendant le peu de moments que j'ai joui du bonheur de me trouver auprès de vous, j'ai, à plusieurs reprises… je vous demande mille excuses, Monsieur, si je prends la liberté de vous le dire… j'ai contemplé avec une admiration inexprimable l'ombre superbe que, sans aucune attention et avec un noble mépris, vous jetez à vos pieds… cette ombre même que voilà. Encore une fois, Monsieur, pardonnez à votre humble serviteur l'insigne témérité de sa proposition : daigneriez-vous consentir à traiter avec moi de ce trésor ? Pourriez-vous vous résoudre à me le céder ? »

Il se tut, et j'hésitai à en croire mes oreilles.

« M'acheter mon ombre ? il est fou », me dis-je en moi-même ; et d'un ton qui sentait peut-être un peu la pitié, je lui répondis :

« Eh ! mon ami, n'avez-vous donc point assez de votre ombre ? Quel étrange marché me proposez-vous !… »

Il continua.

« J'ai dans ma poche bien des choses qui pourraient n'être pas indignes d'être offertes à Monsieur. Il n'est rien que je ne donne pour cette ombre inestimable ; rien à mes yeux n'en peut égaler le prix. »

Une sueur froide ruissela sur tout mon corps lorsqu'il me fit me ressouvenir de sa poche, et je ne compris plus comment j'avais pu le nommer mon ami. Je repris la parole, et tâchai de réparer ma faute à force de politesses.

« Mais, Monsieur, – lui dis-je, – excusez votre humble serviteur ; sans doute que j'ai mal compris votre pensée. Comment mon ombre pourrait-elle… ? »

Il m'interrompit :

« Je ne demande à Monsieur que de me permettre de ramasser ici son ombre et de la mettre dans ma poche ; quant à la manière dont je pourrai m'y prendre, c'est mon affaire.

En échange, et pour prouver à Monsieur ma reconnaissance, je lui laisserai le choix entre plusieurs bijoux que j'ai avec moi : l'herbe précieuse du pêcheur Glaucus ; la racine de Circé ; les cinq sous du Juif-Errant ; le mouchoir du Grand Albert ; la mandragore ; l'arme de Mambrin ; le rameau d'or ; le chapeau de Fortunatus, remis à neuf, et richement remonté, ou, si vous préfériez sa bourse…

– La bourse de Fortunatus ! » m'écriai-je.

Et ce seul mot, quelle que fût d'ailleurs mon angoisse, m'avait tourné la tête. Il me prit des vertiges, et je crus entendre les doubles ducats tinter à mon oreille.

« Que Monsieur daigne examiner cette bourse et en faire l'essai. »

Il tira en même temps de sa poche et remit entre mes mains un sac de maroquin à double couture et fermé par des courroies. J'y puisai, et en retirai dix pièces d'or, puis dix autres, puis encore dix, et toujours dix. Je lui tendis précipitamment la main.

« Tope ! – dis-je, – le marché est conclu ; pour cette bourse vous avez mon ombre. »

Il me donna la main, et, sans plus de délai, se mit à genoux devant moi, je le vis avec la plus merveilleuse adresse détacher légèrement mon ombre du gazon depuis la tête jusqu'aux pieds, la plier, la rouler, et la mettre enfin dans sa poche.

Il se releva quand il eut fini, s'inclina devant moi, et se retira dans le bosquet de roses. Je crois que je l'entendis rire en s'éloignant. Pour moi, je tenais ferme la bourse par les cordons ; la terre était également éclairée tout autour de moi, et je n'étais pas encore maître de mes sens. »

A. de Chamisso, extrait de *L'Étrange histoire de Peter Schlemihl,* 1813.

20 **a.** Identifiez le statut du narrateur.

b. Quel pacte l'homme en gris propose-t-il au narrateur ? Quels sont les différents sentiments éprouvés par celui-ci ?

c. Quelles hypothèses de lecture pouvez-vous faire quant à la suite de ce récit ? Que peut, selon vous, symboliser l'ombre ?

Questions de synthèse

Sur l'ensemble des nouvelles

La situation d'énonciation et le pacte de vérité

1 Quel est le statut du narrateur?
S'il s'agit d'un narrateur à la première personne: est-ce un narrateur témoin ou un narrateur personnage?
Dans quel état se trouve-t-il?

2 Selon quel point de vue l'histoire est-elle racontée?

3 **a.** En quoi le point de vue adopté peut-il constituer une garantie d'authenticité pour le lecteur?
b. Quels sont les différents éléments qui contribuent à faire croire au lecteur que les événements racontés se sont réellement produits?

4 Le narrateur prend-il ses distances par rapport aux événements racontés ou non? Quel est le ton adopté?

Le cadre spatio-temporel et l'organisation du récit

5 Définissez le cadre dans lequel la nouvelle commence: s'agit-il d'un cadre réaliste?
En quoi ce cadre peut-il néanmoins présenter des aspects insolites? Est-il retiré, abandonné, labyrinthique?

6 Dans quelle époque (année, saison) l'action s'ancre-t-elle?
À quel moment de la journée l'action se déroule-t-elle?

7 L'histoire suit-elle le cours des événements ou présente-t-elle un retour en arrière? Quel est l'effet produit?

Les manifestations du surnaturel et les réactions des personnages

8 Le phénomène surnaturel est-il présenté dès le début de la nouvelle ou au contraire apparaît-il au cours du récit? Dans ce cas, quels sont les premiers détails insolites qui peuvent alerter le personnage (et le lecteur)?

9 Quelle est la nature du phénomène surnaturel? Quel est le motif fantastique utilisé (métamorphose, pacte avec le diable, double, fantô-me, vampire, objet ou animal maléfique...) ?

10 Dans quelle mesure le personnage ou le narrateur doute-t-il du phénomène qui se produit ? Relevez les modalisateurs qui expriment ce doute.

11 Le narrateur ou le personnage principal a-t-il reçu préala-blement un avertissement ?
A-t-il commis une transgression ?

12 Quels sont les sentiments éprouvés successivement par le narra-teur ou le personnage principal ?

La chute

13 La fin de la nouvelle présente-t-elle ou non une chute ?

14 Le surnaturel laisse-t-il une trace de son passage ? Le phénomène est-il réversible ?
Dans quel état d'esprit le personnage principal ou le narrateur se trou-ve-t-il à la fin de l'histoire ?

15 En quoi la fin de la nouvelle place-t-elle le lecteur face au « princi-pe d'hésitation » ?
Quelle explication rationnelle les événements peuvent-ils recevoir ?
Quelle interprétation surnaturelle le lecteur peut-il leur donner ? Quel est l'effet produit ?

La visée

16 **a.** Quelles sont les valeurs mises en cause dans la nouvelle ? **b.** Quelles sont les visées morales, philosophiques ou politiques du récit ?

17 En quoi le genre fantastique tient-il le lecteur en haleine tout en le renvoyant en même temps aux questions fondamentales que se pose l'être humain ?

Suggestions de lectures
Nouvelles fantastiques

Le thème du double

Les Aventures d'Erasme Spikher, E.T.A. Hoffmann.
Le Chevalier double, Théophile Gautier.
Le Horla, Guy de Maupassant.
Frritt-Flacc, Jules Verne.

L'objet animé, la partie séparée du corps

L'Homme au Sable, E.T.A. Hoffmann.
La Vénus d'Ille, Prosper Mérimée.
Le Cœur révélateur, E.A. Poe.
La Main, Guy de Maupassant.
Le Nez, Nicolas Gogol.

La morte amoureuse

Ligeia, Morella, Eleonora, E.A. Poe.
La Cafetière, La Morte amoureuse, Omphale, Arria Marcella, Théophile Gautier.
L'Inconnue, Villiers de l'Isle-Adam.

L'altération des repères de lieu et de temps

La Cafetière, Arria Marcella, Théophile Gautier.
L'Intersigne, Vox populi, À s'y méprendre, Villiers de l'Isle-Adam.
La Nuit face au ciel, Continuité des parcs, Julio Cortazar.
Cauchemar en gris, F. Brown.
Crescendo, Dino Buzzati.
Le Dragon, Ray Bradbury.
La Choucroute, Jean Ray.
Escamotage, Richard Matheson.
Le Rideau, Jacques Sternberg.
Comment Wang Fô fut sauvé, Marguerite Yourcenar.

Les fantômes

Le Masque de la Mort Rouge, E.A. Poe.
La Chevelure, Apparition, Guy de Maupassant.
Inès de Las Sierras, Nodier.
La Dame de Pique, Pouchkine.
Le Tour d'écrou, Henry James.
Le Signaleur, Charles Dickens.
Le Fantôme de Canterville, Oscar Wilde.
Le Miroir d'encre, Borgès.

Le bestiaire fantastique

Le Chat noir, E.A. Poe.
Les Chats d'Ulthar, Lovecraft.
Sredni Vashnar, Saki.
Le Rat de Venise, L'amateur d'escargots, Patricia Highsmith.

La métamorphose

Le Diable amoureux, Cazotte.
Lokis, Prosper Mérimée.
La Métamorphose, Franz Kafka.
Le Châtiment de Dieu, Alvaro de Laiglesia.
Suicide au parc, Cyprès, Dino Buzzati.
Journal d'un monstre, Richard Matheson.

Le diable, le pacte avec le diable

Le Diable amoureux, Jacques Cazotte.
L'Etrange histoire de Peter Schlemilh, Adelbert de Chamisso.
Le Veston ensorcelé, Garage Erebus, Dino Buzzati.
La Patte de singe, W.W. Jacobs.

Index des rubriques

Table des illustrations

Iconographie : Hatier Illustration/Édith Garraud
Graphisme : Mecano-Laurent Batard
Mise en page : Studio Bosson
Dépôt légal : 73916 - 3/10 - Octobre 2010
Imprimé en France par Hérissey à Évreux (Eure) - N° 115074